開飯了！
饕客的時光餐桌

改變歷史的尋味之旅

蟲離小僧／空白書 著
古人很潮 編

目次

【卷肆】舌尖上的風流人物：影響歷史的「超級饕客」傳 299

卷壹

神祕食材的身世之謎：

你吃過，卻不認識它！

異域風味——來自遠方的舶來食材

讓我們一起回到五千年前的中國：廣袤的原野上，長風襲地，走獸奔馳，天空一塵不染。假如我們就地支起一張巨大的木桌，把當時全國所有食材集中起來做一席盛筵，我們會發現，好多熟悉的味道在這裡找不到蹤影。

如果你是無辣不歡黨，恐怕要對這頓飯大失所望了，因為辣椒是明代才傳入中國的。而眼前這席史前大餐，不僅沒有辣椒，連蒜也沒得吃——直到漢代，大蒜才出現在中國人的廚房。

那麼，或許甜食派的處境會好一點？

我們可以翻山越嶺，攀藤上樹，冒著被野蜂螫到滿臉包的危險，掏些蜂蜜來解饞。除此之外，西元前四世紀的戰國時期，甘蔗才傳入中國南方，製糖技術的成熟，則要等到唐代了。想吃糖還得緩緩……

但是甜味還可以從其他食物獲取，比如葡萄、香蕉、西瓜。

然而，不幸的是，葡萄原產於西域，西漢時傳入中國；香蕉原產自東南亞，宋元時期傳入；西瓜原產於非洲，宋代傳入……看來你想吃也沒得吃。

更不幸的是，回到五千年前的我們，甚至吃不到任何麵食——因為，小麥也是外來物種。

小麥

歷時千年方才落腳的主食

小麥君是最早一批來到中國的食材移民，不過它這一路走得著實艱苦。

如今，我們上網從歐洲訂購一袋麵粉，大約一個月之內就可以簽收。然而，在先民們艱難生存的原始時代，這種未來中國的主要糧食作物，從西亞原產地出發，經歷長達數千年史詩般的漫長遷徙，克服了氣候、地理等種種不利因素，約四千五百至五千年前，才終於在黃河流域落地生根❶。

如今世界各國基本上達成共識，小麥起源於九千五百年前的西亞，以此為中心，向美索不達米亞、古埃及、古印度、古希臘以及中國傳播。

作為地中海氣候孕育的作物，起初，小麥並不能適應中國氣候，因此在很長一段時間裡，小麥的產量並不高。而且，漢代以前受制於磨粉技術，小麥的主要食用方式，並不是像今天一樣磨成麵粉製作麵食，而是像米飯那樣，被蒸或煮成麥飯來吃。與香糯的米飯相比，麥飯有些難以下嚥，也因此後來麵粉出現後，麥飯被視為粗食，以至於一些孝子守孝期間，只吃麥飯，用這種樸素克制的生活方式來表達孝心。

餅是最早出現在中國的麵食。漢代最初的麵點製作工藝來自西域。沿著絲綢之路，胡人商旅的駱駝隊越過蔥嶺，抵達地理位置偏西的漢帝國首都——長安。他們循張騫的足跡，帶來更多西域食材，以及食材製作的方法，並在首都流行開來，接著風靡天下。

羊肉、蔥白、豆豉汁和鹽裹在麵糰裡，擀成餅，撒落芝麻，貼在爐壁上烤熟。一口咬下去，就是外皮灼熱的酥脆，和多汁的羊肉濃香。

❶〈小麥傳入中國的研究——植物考古資料〉，《南方文物》二〇一五年三期。

玉米

從美洲飄洋過海的救荒雜糧

今天，小麥在中國糧食產量排行榜上名列第三，排在第一的是玉米。與小麥相比，玉米絕對是後起之秀。這位主食界的首席天王，直到明朝中期才從遙遠的美洲漂洋過海登上華夏大陸。幾乎在同一時期，同樣來自美洲的食材還有番薯（地瓜）、馬鈴薯、花生和向日葵。

玉米君來到中國後，驚喜地發現這裡的土地和氣候，極其適合自己——中國約有半數耕地適合種植玉米。

明朝末年，朝廷昏庸，戰亂四起，加上自然災害，全國各地屢現災荒。容易存活的玉米和番薯成為抗災食物的要角，被大量種植。到了清朝，政府更是大力推廣這些作物，其結果就是，不到兩百年間，清代人口從清初順治年間的一點二億，暴增到咸豐時期的四點三億，直接奠定了今天中國作為人口大國的基礎。雖然不能說這新冒出來的三億人都是吃玉米和地瓜吃出來的，但這幾位從美洲遠道而來的東漂族，無疑功不可沒。

相較於小麥和水稻，玉米和番薯幾乎成熟後就可以搬進廚房，不用經過複雜的收割、脫殼、研磨過程，甚至在田間點把火，挖出地瓜烤烤就能填飽肚子。有了玉米和番薯作為堅實的溫飽後盾，不用擔心吃不飽，大家開始放開手腳生孩子。孩子生得越多，越需要更多的耕地，於是開荒種地，在一些不適合種植水稻、小麥的土地種植玉米和番薯，一個「生孩子，種玉米種地瓜，再生孩子」的無限循環就此開啟。

有地瓜，勇敢愛！

辣椒

原本只是觀賞用的盆栽

小麥和玉米或許是所有外來食材中影響最深遠的。但倘若評選對今天中國人的口味選擇影響最大的，或者中國人最喜歡的一味外來食材，恐怕很多饕客會毫不猶豫地把票投給辣椒，以至於產生了這樣戲謔的說法：

中國人可以分成兩類——吃辣椒的，不吃辣椒的。

辣椒提供了一種清爽、專注而尖銳的辣感，這是先民們很難想像的味道。倒不是說一直到明朝末期辣椒傳入中國以前，大家就完全不吃辣了。在辣椒之前，先民們獲取辣的口感，主要依賴蒜、蔥、薑、蕌頭、茱萸、辣蓼等植物。而以上這些食材，大多會附贈渾濁的口氣。中國的佛教徒實在忍受不了僧侶們聚在一起念經的時候滿屋子不明來路的臭味，不但褻瀆佛祖，還嚴重影響同門專心向佛，於是頒發禁令，禁止僧人食用蒜、蔥、韭菜等辛辣蔬菜，並幫這些蔬菜統一取了個名字，叫做「葷」。

梁武帝不准僧人吃肉之前，「葷」這個字眼，不是指肉類魚類，而是特指這些味道辛臭的食材。

不得不讚揚「葷」字取的巧妙，中國人最常見的用來降服辛辣食材的方法，正是把它們與另一類「葷腥」食材，肉、魚一起烹製，以葷對腥，不但消解了食材戾氣，而且有相互提味之功。

今天，四川的川菜和湖南湘菜是最能體現辣椒神韻的兩大菜系，但中國最早食用辣椒的省分，很可能是浙江。四百多年前，一艘外國商船停泊在浙江沿海港口，船上卸下的貨物中，包括了第一批踏上華夏土地的辣椒。

中國最早的辣椒記錄文獻，來自明朝萬曆年間，一位隱居西湖的戲曲作家❷。清代地方誌中，最早提到辣椒的，也是浙江人。不過辣椒的熱情激烈，似乎與浙江菜系的清雅精緻不太合拍。那位第一個把辣椒記入書籍的戲曲作家，本身也是一位擅長養生的美食家，但辣椒在他的筆下，沒有歸入食譜，而是歸入了蒔花教程，和玉蘭花、迎春花、映山紅一道列出。在那個時代，日後的佐料之王——辣椒多半被當成一種觀賞盆栽，種在花圃裡、花盆裡。這個征服了後世無數舌頭的精靈，最初被栽培，卻是為了取悅眼睛。

---

❷（明）高濂，《遵生八箋．燕閒清賞箋》。

以浙江為起點，辣椒逐漸向西進入湖南、貴州，終於在這些地區形成了食用習慣。不過說起貴州人吃辣椒的來由，其實是出於無奈。

清朝初年，貴州地區缺鹽嚴重，菜餚無味，只好在做菜時，放入剁碎的辣椒來提味，以彌補無鹽的寡淡。原本的權宜之舉，沒想到卻從此開啟了貴州人的辣椒上癮模式，一百年後，辣椒早已不再只是鹽的替代品，但當地人已經不能自拔，到了每餐無辣不歡的地步，飯菜徹底離不開辣椒了。

今天，無論甜鹹豆花、肉粽棗粽之爭如何激烈，從黑吉遼到川渝黔，從山東到陝西，不分地域、不分風俗、不分結婚彩禮規則的差異，對於辣椒的認同和迷戀，全國人民始終保持著高度的一致。

這就是辣椒的神奇。

芸薹

來自地中海的油菜花

芸薹原產於地中海沿岸，傳入中國的時間非常久遠。在傳播過程中，芸薹軍團不斷壯大，尤其在進入中國之後，中國人發現這種植物不僅可以榨油，而且也能當作蔬菜吃，於是一分為二，留下一部分用來榨油，另一部分則經過不斷改良，硬生生培育出一種新型蔬菜——小白菜。

二月的雲南羅平、三月的重慶潼南、四月的浙江里安，一片花海，蔓延了半個中國。若有機會沿這條線路驅車穿行，從千頃梯田，到江南水鄉，天清雲淡之下，全程相伴的是芬芳醉人的滿眼金黃。

油菜花，世界上最具觀賞性的可食用植物之一，是當前重要的油料作物，中國古籍稱為「芸薹」。

所以說「饕客改變世界」是有道理的，中國先民為了多吃到一種蔬菜，隨手創造了一個新物種。

不過小白菜有煩惱，人家名字明明叫小白菜，如今的情況卻是，北方人管它叫「油菜」，南方人管它叫「青菜」。

小白菜一臉委屈，你們憑什麼給人家亂取綽號！

南方人在北方逛菜市場，對攤商說：「老闆，給我來份青菜。」

攤商可能是茫然的：嗯？青菜？什麼青菜？青色的菜？菠菜？油菜？茼蒿？

南方人指向了小白菜，此時，南方人、攤商和小白菜的內心都是崩潰的。

攤商：「這叫油菜好嗎！」

南方人：「油菜？這才不是油菜，油菜是會開出油菜花、可以榨油的好嗎！」

小白菜：「我不叫油菜也不叫青菜，我叫小白菜好嗎！」

但當南方人說到「小白菜」時，北方人腦海裡出現的多半卻變成另一種蔬菜——散葉大白菜。

唉，要對上號真不是件容易的事情。

大白菜出現時間晚於小白菜。與小白菜一樣，大白菜也是後來中國自行培育的新物種，古人稱為「葑」或者「菘」。那時候的白菜，以散葉白菜為主，還不是今天菜市場常見的結球白菜。大白菜產量可觀，是古人餐桌上的常客。不過，這並不意味著古人可以過天天白菜燉豬肉的好日子，在普通百姓家庭，大白菜最常見的食用方法，是醃食。

對於沒有現代的防腐技術，缺乏冷藏條件，而且食材並不充裕的古人來說，食物保鮮，是不得不面對的難題。經過數千年摸索和實驗，開發出一系列醃漬類加工工藝，用鹽、醋、酒糟或者蜜糖處理食材，衍生出醃製、醬製、糖漬、酒糟、薰製、臘製等全新的食材加工技術，不僅大大延長保存期限，而且賦予了食物更豐富的風味。這是生活的智慧，也是生存的智慧。

宋代，熗白菜出現：白菜梗切片，沸水中川燙一下，擠乾水分，下油鍋快炒，盛出加醋❸，少頃可食。

《齊民要術》裡的醃白菜

新鮮的白菜葉，用鹽水洗過，浸泡在另一份鹽水裡，封存起來。取食的時候沖洗掉鹽水，味道甚至和新鮮白菜差不多。

❸（宋）《吳氏中饋錄》。

蔥

齊軍助攻的戰利品

炒菜，往往離不開蔥。

最原始的野生蔥類多生於北方，大蔥原生於西伯利亞、西域，以及漠北地區。小蔥是中國原產，不過若回到三千年前，生活在中原的夏、商、西周人是吃不到小蔥的。在當時，小蔥掌握在境外少數民族手裡。春秋時期，位於今河北、遼寧南部一帶的燕國屢屢遭到北鄰山戎族侵掠，燕莊公邀請當時最強諸侯，霸主齊桓公幫忙，齊軍北上大破山戎，將繳獲的戰利品小蔥帶回山東❹。直到今天，山東仍然是小蔥的重要產地。

中國人喜歡蔥，蔥、薑、蒜三大中餐御前衛士，蔥的應用率是最高的。生蔥的辛辣，與加熱的油脂相遇後，會激發出強烈濃香，單憑這股香氣，就足以喚回在外貪玩的孩子，喚醒所有疲勞的神經。

從最古老的食譜——北魏《齊民要術》裡，我們能找到一千五百年前蔥的廣泛應用：以羊胃為容器，裝進薄薄切片的嫩羊肉、羊脂、豆豉、鹽、撕開的蔥白、生薑、花椒、蓽茇和胡椒，埋進土地，在它們上方燃起火堆，約一頓飯的時間燜熟挖出。

用食材作為天然器皿，盡可能汲取各種食材本身的味道，融合成複合口感，這種作法在今天仍然可以尋到蹤跡。打開羊胃的那一刻，完全沒有洩露的鮮香轟然釋放，吸收了蔥香、椒麻的羊油滲入羊肉，鮮嫩多汁，構成了飽滿而層次分明的味道。

❹（先秦）《管子・戒》。

茄子

來自印度的高級食材

茄子剛剛傳入國內時相當金貴，普通人很難有機會品嘗。隋煬帝還特意為茄子取了個煊赫的名字，叫做「昆侖紫瓜」❺，讓茄子君聽上去變得像某種神話中的仙草，連天子都傾心至此，足見其魅力。

今日一道中國家常菜「地三鮮」，用到的三味食材——茄子、馬鈴薯、青椒，沒有一樣出自本土原產；茄子來自印度，馬鈴薯和青椒來自美洲。呵，看不出來，地三鮮居然是道印度拉丁混合菜，誠可謂深藏不露。學會這道菜，可以拍著胸脯告訴朋友：「我會做印度菜和拉美菜，改天嘗嘗我的手藝！」朋友興高采烈赴宴，赫然發現偌大的餐桌上，端端正正擺著一盤蒸茄子、一個烤馬鈴薯。

歷史上第一道見載於書的茄子烹調法，收錄於北魏賈思勰的《齊民要術》，叫「缹茄子」。它基本上可以視作今日紅燒茄子的雛形，其中，豆醬和蔥下入油鍋爆香的工序，今天炒菜司空見慣，但北宋之前的烹飪史上，卻並不常見。

宋代之前的中國人，極少能吃到炒菜。炒菜技術，最晚在南北朝時期就已經出現了，《齊民要術》載有「炒雞子」——也就是炒雞蛋，作法與今天大致相同：

銅鐺裡燒熱麻油，打雞蛋，放入蔥白、鹽，炒熟即成。

值得注意的是，當時炒菜用的炊具是「銅鐺」。「銅」價格高昂，意味著普通百姓根本買不起；再者，銅製炊具器壁太厚，相較於炒菜，更適合燉煮。所以，就算是王公貴胄、素封之家，平日裡想要吃一回炒菜，哪怕是一道炒蛋，也是件奢侈的事。哈！作為一個現代人，忍不住大秀一波幸福。

直到北宋中後期，鐵鍋開始批量生產，炒菜才終於在中華大地的味蕾上綻放開來。

❺（北宋）陶穀，《清異錄》。

一千五百年前的紅燒茄子（缹茄子）

材料：茄子、蔥、黃豆醬、花椒、薑。

作法：茄子縱向切成四條，蔥白切絲，薑切末；
茄條入沸水略川燙後撈出。
油燒熱，倒入蔥絲、豆醬爆香，再下茄子炒；
加水燜熟，最後放花椒和薑末。

蘋果

取代林檎的歐洲水果

蘋果的情況比較特殊。

中國有原產的蘋果品種，叫作「林檎」。林檎也叫「來禽」，因為每當它成熟，總會引來小鳥駐足。向枝葉間仰望，鮮紅的果子，啼鳴的小鳥，相映成趣。古人有時也會叫它「海棠果」或「沙果」。

今天韓語「蘋果」的發音，仍然很接近「沙果」，而日文「蘋果」，則直接寫作「林檎」。相較於蘋果，林檎顯得萌意十足，它們模樣相似，但林檎的個頭小了好幾號。林檎在中國有著極其悠久的歷史，所以當下次去買水果時，看到這種萌萌的小蘋果，不要把它當成什麼新品種。

十九世紀中期，體型更大的歐洲蘋果，也就是我們平時吃的蘋果傳入，林檎丟掉了它在蘋果界的老大地位。

林檎很委屈。

菇娘

從南美洲傳入的龍珠果

菇娘屬於「可能見過但不知道叫什麼名字」系列，比起蘋果、橘子、香蕉，這種長相像櫻桃或聖女小番茄的水果並不十分常見，不過鑑於這個奇怪的名字，我們做一點介紹。

菇娘也叫「燈籠果」、「毛酸漿」或「哥倫比亞龍珠果」，原產南美洲，大約元明之際傳入中國。剛傳入時，它甚至直接被稱為「姑娘」，李時珍在《本草綱目》中解釋說，本來這種水果叫「瓜囊」，由於方言的緣故，傳著傳著就成了「姑娘」。

倘若哪天路過水果攤，聽見老闆吆喝：「菇娘！酸甜可口的菇娘！來點嘗嘗？」先別忙著報警抓人口販子，人家真的只是在賣水果。

西瓜

原產非洲的水果界天王

外來食材陣營中，水果軍團陣容強大，除蘋果外，葡萄、鳳梨、香蕉、西瓜如今均已經成長為水果界的一線巨星。

古書也常提到吃瓜群眾，但宋代之前但凡說到瓜，多指冬瓜、甜瓜、越瓜，而不是西瓜。

西瓜原產非洲，經過埃及、古羅馬、西亞、回紇、契丹，漫漫長路跋涉才傳到中土。

南宋初，禮部尚書洪皓出使金國，被金廷扣留十五年，期間不卑不亢，寧死不屈，贏得了敵國的尊重。後來隨著韓世忠、岳飛、劉錡等名將橫空出世，宋金戰爭形勢有所改觀，洪皓得以被釋放回國，走的時候順便帶了一批金國的西瓜，在大宋土地上種植，並迅速推廣開來❻。

中國人出遠門喜歡帶土特產回家的優良傳統，在洪皓身上有了完美的體現。

洪皓此舉，恰好致敬了另一位外交史偉人。也就是兩次出使西域，完成「鑿空之旅」，開闢絲綢之路的西漢博望侯張騫。

張騫第一次出使西域時，漢帝國對匈奴的全面反擊尚未打響，匈奴仍處於強盛狀態。張騫在途中遭遇匈奴騎兵被俘，輾轉十年，才有機會脫身，穿越黃沙漫漫的不毛之地，逃回中國。漢匈全面戰爭爆發後，匈奴接連遭遇重創，疆域萎縮，河西走廊回到大漢疆域，去往西域的道路終於打通。張騫第二次出使西域，此時道路已靖，沿途都是大漢地盤，於是張騫放開手腳，帶回來很多好吃的。

他回國車隊裝載的西域特產，至少包括：葡萄❼、石榴、黃瓜、蒜、旱芹、核桃、芝麻、蠶豆和香菜。我們腦中很容易浮現出一幕場景：博望侯張騫在西域國家的接待晚宴上，對某種食物讚不絕口：「嗯！這個很好吃！那誰，一會兒打包，我要帶回國！這是什麼東西？嗯嗯，也很好吃、很好吃，一起打包，帶走！」真是位有了好吃的不忘記祖國人民的好男兒。

可以想像，當張騫車隊返回長安時，朝中饕客們閃閃發亮的眼睛：「張大人，請問這是什麼，看起來很好吃的樣子，能不能分給我點？」、「我也要！」、「給我也留點啊張大人！」、「誰敢跟朕搶？都給朕放下！送御廚房！」

作為海外代購先驅者，張騫選品眼光毒辣。歷史上不乏流行一時、在今人餐桌上卻難覓蹤跡的食材。但張騫引入中國的這些作物，兩千年來幾乎沒有夭折，一直是蔬菜界、堅果界和水果界的領軍食物。朝代隆替，時代沿革，天下分分合合，這些食物始終維持著兩千年前的味道，頻頻出現在無數後人廚房、餐桌。即使像香菜這樣味道奇怪的東西，中國人也找到了恰到好處的處理方式，與腥臊食材的交融，香菜得以徹底綻放。

食物的流轉遷移，改變了人類的生活習慣，國家的歷史，以及世界的格局。

歷史上，眾多食材傳入中國，生根、生存，繁衍、繁榮，固然因為中國遼闊的地域、多樣的地理環境和氣候有足夠的包容；同時，中國人對美食的追求，自然的敬仰，生活的希望，數千年來始終深埋在基因裡，胼手胝足，勤耕不輟，一代又一代的守護和開拓，終於傳承下今天宏偉壯闊的美食版圖。

如今，中國糧食總產量、蔬菜出口量均保持世界第一。飲食文化交流，以及食材流動的速度比之從前，更不可同日而語，越來越多的新食材持續傳入，中餐仍然在不斷兼收並蓄，維持傳統，保持創新。

對漂洋過海，不遠千萬里來到中國的各種食物說一聲「辛苦了！」，「我們會繼續努力，把你們做得更好吃！」

❻ 曹維華，〈我國「西瓜」種植起源考略〉，《上海師範大學學報》一九八九年二期。
❼（北魏）賈思勰，《齊民要術．卷二》。

傳入朝代／年份	食物	類別	從何處傳入
先秦	小麥	主食	西亞
	大麥	主食	西亞
	高粱	主食	東非
	皮燕麥	主食	西亞
	芸薹（油菜）	配菜	地中海一帶
	蔥	配菜	
漢	葡萄	水果	中亞
	核桃	乾果	
	石榴	水果	
	黃瓜	水果、配菜	
	蒜	調料	
	蠶豆、旱芹	配菜	
	芝麻		
	香菜	配菜、調味料	印度
三國兩晉南北朝	茄子、扁豆	配菜	西亞、中亞

傳入朝代／年份	食物	類別	從何處傳入
隋、唐、五代	菠菜、萵苣、杏仁、開心果、無花果	水果、乾果	非洲
宋	西瓜	水果	
元朝	香蕉 胡蘿蔔	水果 配菜	東南亞 中亞
明	鳳梨、菇娘、辣椒、南瓜、甘薯、玉米、花生、番茄、向日葵、馬鈴薯	配菜、水果、調味料	
清	草莓、蘋果、木瓜、花椰菜、高麗菜、洋蔥、櫛瓜	水果、配菜、調味料	

大地贈禮——歷史悠久的在地食材

粟

因肚子餓吃草而發現的美食

外來食材大軍浩浩蕩蕩，對中餐文化和格局產生過巨大衝擊。

那麼問題來了：外來食材傳入之前，先民們究竟吃什麼？

吃草！

其實早在七千年前，我們的祖先就已經是名副其實的種草拔草小能手了。

如上一章所說，小麥是外來的、玉米是外來的、紅薯是外來的，那麼，小麥、玉米、紅薯傳入前，先民們如何解決主食問題？

在那個荒蕪的時代，以採集野果和漁獵果腹的時代，食材可遇不可求，當時廣袤大地上最常見的是大片大片的野草。

一旦採不到果子，打不到獵物，就要坐在草叢裡挨餓。餓扁了肚子的先民，淚眼汪汪地瞧著綠油油的野草，不由咽了口唾沫。

先民們有一樣優秀的品質：什麼都敢吃，什麼都能吃，絕不挑食。在那樣的時代，挑食基本上相當於絕食。

生計所迫，他們決定嘗試著吃草。祖先何等英明，在嘗過幾種草後，他們很快就發現，有一種狗尾草的子實，不僅能吃，而且香甜又充飢。更重要的是，這些狗尾草相當好養活，春天撒一把種子，稍加打理，秋天就能採收了。先祖們領悟到了細水長流的道理：靠打獵養家，飢一頓飽一頓，到底不是長久之計，哪有種狗尾草可靠？於是乎，全國流行起大規模種草，以漁獵獲取食物的生活，逐漸向農耕生活轉變，一個偉大的農耕文明，悄然誕生。

這種劃時代的植物，就是狗尾粟。直到今天，它的子實依然是常見食物，我們通常稱之為——小米。

稻　從小米粥到大米百吃

即使後來小麥傳入，但在相當長的一段時間裡，小米才是中原的糧食砥柱。這一時期的南方人更幸福些，除了吃粟之外，他們還有另一樣選擇——大米。浙江上山遺址出土的稻殼，距今已有超過八千年歷史，說明中國是世界上最早馴化和栽培水稻的國家之一❽。

米飯的最初吃法是煮，跟今天熬粥差不多，但由於加工工具的落後，在這種原始粥裡，常常會吃到帶著殼的米粒。後來炊具進步，蒸飯出現了。蒸飯誕生，是米飯食用史上革命性的進步，猶如二十一世紀初智慧手機的問世。相較於粥，蒸飯是獨立的作業系統，沒有湯汁捆綁，能夠自由搭載其他各種食物。比如有那麼一陣子，周王朝的王公貴族就喜歡把香濃的肉醬厚厚澆在米飯上，叫作「淳熬」，是大名鼎鼎的「八珍」之一，屬於蓋飯、燴飯的初期版本❾。當時用來搭配米飯的醬，選料不止有肉，五花八門，相當新奇，值得一提。

〈左傳．曹劌論戰〉裡，曹劌有句罵人的名言：「肉食者鄙。」按今天的話說就是「吃肉的人腦子不好」。在先秦，能吃上肉的九成九是貴族階層，曹劌用區區四個字，就拐彎抹角的罵盡了天下貴族。那個時候肉類供應吃緊，即使貴族，也不是頓頓能吃到肉。所以廚子們需要選一些其他食材，配合肉類製作醬料。周王室有個專門製作醬料的部門，叫作「醢」，這個部門的廚子平時只負責想盡辦法配製供王室食用的醬。他們選用的食材可謂五花八門，包括：螞蟻卵、大蝸牛、蝗蟲的幼蟲……❿

這些亂七八糟的蟲子統統扔進石臼，搗得稀爛，一本正經地端到周天子面前。周天子來者不拒，眉頭都不皺一下，黑暗料理隨便上，不敢吃算我輸！

真天子也！

在那個時代，吃米飯是直接用手抓的。但作為禮儀之邦，凡事都有配套禮儀，

❽ 鄭雲飛、蔣樂平，〈上山遺址出土的古稻遺存及其意義〉，《考古》，二〇〇七年九期。
❾（西漢）戴聖，《禮記．內則》。
❿（先秦）周公旦，《周禮．天官塚宰》。

手抓飯也絕不是亂抓一通。相關部門制定了一套「君子手抓飯指南」，收錄在《禮記》裡：不能把米飯握在手裡捏成球，不能抓了飯再扔回盤子；不吧唧嘴；席間不剔牙；吃飯的時候不允許餵狗。還有很重要的一點，不用筷子吃米飯。

所謂吃相見修養，這份指南體現了當時的一些飲食衛生觀念，以及對食物的尊重，和對客人的尊重。

至於不用筷子吃米飯，是因為當時的筷子是專門用來在鼎、鍋裡撈燉煮食物的，就像今天吃火鍋時的用法。

唐代以前，中國上層階級的士人吃飯，一直採用嚴格的分餐制。當時沒有高腳傢俱，大家用類似於跪坐的姿勢坐在席前，每個人面前守著一份自己的食物，食物和嘴巴的距離很遠。而受制於禮儀，又不能端起碗來湊在嘴邊吃。所以我們很容易想像，直挺挺跪坐著，伸筷子去夾矮几上的米飯，是多麼高難度的技術性操作，恐怕一碗飯吃完，會有半碗的米粒灑落地上。用手抓，則完美地避開了這種浪費糧食的情況。而且，古人相當介意在吃飯中交換口水，所以，古代雖然衛生條件有限，但古人吃飯並不「髒」。至於把沾滿飯粒的筷子伸進火鍋這種粗魯舉動，從古至今，無論擱在哪個時代，都不會為人所接受。

中國人應用筷子的歷史極其悠久，不過「筷子」這個名字，是直到明代才出現的。在此之前，筷子的官方名稱是「箸」。

明朝時期，江南一帶興起很多避諱，比如認為「離」、「散」不祥，所以幫梨取名「圓果」，傘改稱「豎笠」。船家忌諱「翻」字，一切發音與「翻」相似的字眼都不許出現。同樣的，水面上也忌諱「住」字，於是，船上的人給箸取了個新名字，叫「快兒」⓫。我們能想像到這個名字誕生初始必然鬧過一些笑話，有急事趕路的過客來到飯鋪吃飯，連聲催促道：「快快快！」接著，跑堂夥計笑嘻嘻地拿來三雙筷子。

我們還是說回米飯。

時間來到秦漢之際，米飯又多了一種新吃法：早上蒸熟的米飯，先吃一半，另一半鋪開在陽光下曬乾，使之不易迅速變質⓬。傍晚，結束了一天的勞作，回到家後，將乾米飯泡水，配一些醃菜，晚飯就有了。

聽起來寒酸，但這就是當時日出而作日落而息的普通百姓生活。漢代人的一日兩餐，早餐叫「饔」，晚餐叫「飧」。

富室、貴族則又不同，唐代《北戶錄》，是一部關於今廣東、廣西、海南一帶

⓫（明）陸容，《菽園雜記》。
⓬（東漢）劉熙，《釋名．釋飲食》。

風物民俗的筆記，其中記錄道，當地大戶人家為新生兒辦滿月酒宴，要準備一種特殊的米飯——團油飯，用到的食材包括：煎蝦、烤魚、雞肉、鵝肉、豬肉、羊肉、灌腸、雞蛋羹、薑、桂皮、鹽、豆豉，食材如此豐富，一碗米飯，簡直不啻於一頓大餐。

從滿月酒到油飯，無論家境是否富裕，那極盡所能張羅的豐盛，是父母唯恐愛你不夠的濃情。

說完富室，再說說帝王。皇帝吃米飯，又是另一種境界。

唐敬宗寶曆元年，大內司膳流出一份御用食譜，裡面有一款夏季專供的「清風飯」。吃米飯還分季節？大唐帝國的天子就有這講究。在沒有空調的時代，炎炎夏日，溽熱難當，忽然一陣清風襲來，登時酷暑掃盡，遍體生涼，那種興奮雀躍，是夏季最奢侈的體驗，清風飯便取此意⓭。

大唐時期的皇家夏季限定料理——清風飯

材料：極品水晶米、楊梅、冰片、精煉牛乳。

作法：將以上食材混勻煮熟後，先垂入冰池，冰鎮後再上桌。

唐朝是道教全盛時期，唐人好道者極多，煉丹服藥，避世清修。這些人清高得很，有些不食人間煙火的意思，可畢竟做不到真正的辟穀，人間煙火還是要吃的。於是一種面向修道者的米飯問世了：蒸藕切丁，內圓外方，色如白玉，形如古井，以蓮藕的清香，搭配稻米的芬芳，這就是「玉井飯」。能把一碗米飯吃出仙丹的感覺，恐怕也只有浪漫的唐朝人。

還有一種清新脫俗的「青精飯」，實用功能則強得多，它的製法，與生長在中國南方一種叫「南燭」的植物有關。取南燭木的枝葉搡搗得到青黑色汁液，用來浸泡稻米，九蒸九曝後，製成的青精飯米粒緊小、黑如瑿珠。這樣製得的米飯不易壞餿，儲存期長，更重要的是，還有強筋益顏之效，久服變白卻老⓮。這就厲害了，男人吃了強壯，姑娘吃了美白駐顏，還吃什麼膠原蛋白，敷什麼面膜！

水稻真正迎來爆發是在宋代。北宋第三位皇帝宋真宗時期，從越南一帶引入了生存率更高的占城稻改良水稻品種，水稻產量大幅提高，形成了「湖廣熟，天下足」，一處糧食供全國的局面，也成為南宋偏居一隅卻有能力養活龐大人口的最有力支柱。

⓭（北宋）陶穀，《清異錄》。
⓮（明）李時珍，《本草綱目·穀部·卷二十五》。

黍

款待客人的佳餚珍品

除了大米、小米之外，還有一種在古代曾經唱主角的主食不得不提——黍。黍的外形和小米近似，顆粒更大些，因此也叫大黃米。其香甜黏糯的口感，頗得古人鍾愛，一度被視作款待客人的珍品。「故人具雞黍，邀我至田家」，殺雞蒸黍，幾碟醃菜，一罈老酒，對於尋常農家，這是能讓客人感激涕零的豐盛大餐。

黍的看家本領，就是耐乾旱，一度成為遠離東部沿海，乾燥少雨的黃土高原的獨寵。不過，誰沒七年之癢呢，兩種外來的糧食，不但奪了粟的皇后之位，連黍的正妃之位，也一併奪走了。小麥產量越來越高，麵食逐步取代了麥飯、粟飯和黍飯，成為北方人最喜歡的主食。到了明代末期，更高產、而且同樣耐旱的玉米傳入，種黍的農人越來越少。

今天，只有內蒙、陝西、山西部分地區仍然以黍為主要作物，當地人稱為「糜子」。黍米飯也早已淡出了餐桌，取而代之的是糜子麵黃饃饃：用豆沙棗泥做餡料。饃饃的香糯，夾心的酸甜，剪紙、爆竹和高高的天空，構成了無數陝北人的童年夢。

清早，穿行在一些陝西早市熙熙攘攘的人流裡，往往能嗅到城市精神煥發的勃然生機——那是炸油糕的香氣。糜子麵做成環形，或者做成裹著各種精緻餡料的糜子麵餅，伴隨著油炸的「呲呲」聲，漸漸泛起金黃，香氣撲鼻。這個時候，再來上一碗泡著麻花、杏仁、芝麻、花生的油茶，或者熱氣騰騰的羊雜湯，各種食物在舌尖交替綻放，濃香加濃香，喚醒了味蕾，也喚醒了周身上下所有神經。

花椒

中國土生土長的香辛料

有些陝西人的一天，是從一碗油潑臊子麵開始的。

辣椒是臊子的關鍵。陝西與四川、重慶一樣，如今美食體系的形成，需要感謝明朝末期從美洲傳入的辣椒──不過在辣椒出現之前，花椒及其特殊口感，已經駐留在中國人舌尖幾千年。

花椒是中國原產香辛料的代表，花椒樹結實纍纍，歷來有著多子多福的好彩頭。西漢未央宮中，有一宮室處以椒泥塗壁，謂之「椒房」，是皇后專用的寢殿。寓意是極好的，但這種房子到底適不適合居住就很難說了。

椒房的第一位住客，是漢高祖劉邦的皇后呂氏。不知道呂后住在這裡會不會常常打噴嚏，不過呂后出了名的脾氣火爆、心狠手辣，說不定就是受這滿屋子花椒氣的嚴重影響。這樣說來呂后倒也挺可憐的，整天住在調味料盒裡，任誰也受不了。

四川和陝西，自古以來是花椒兩大原產地，所以花椒也有「川椒」、「秦椒」之稱。從很久之前，先民就開始用花椒調製各種椒鹽味的美食。南北朝時期，兼任文學家的饕客吳均寫了一篇〈餅說〉，介紹了一種肉餅的作法。這套一千年前的食物搭配，直到今天，我們依然能夠在某些國際化的速食店裡見到。

南北朝時期的牛羊雙料餡餅與椒鹽炸雞塊

材料：精選小牛犢肉、羊肉、蔥白

作法：1、餡餅：將上述材料剁碎為餡料，包裹在薄薄的麵皮裡，壓成餅狀，入爐烤熟。

2、炸雞塊：橘皮、花椒、鹽剁碎，均勻灑在炸好的雞肉上。

鹽梅

煮湯必備的調味料

花椒可能是中國烹飪史上，除鹽之外，出場率最高的調味料。

說到鹽的食用歷史，大約要追溯到茹毛飲血的原始時代。

人類對於鹽的需求，不僅僅在於調味，鈉離子能調整細胞與血液之間的容量、滲透壓和酸鹼平衡，維持細胞的正常結構和功能。

《尚書》說「若作和羹，爾唯鹽梅」，調製上好的羹湯，需要鹹酸適宜。用烹飪小術，寓治國大道，是中國人的處世哲學。梅子原產中國，從《尚書》這句話可知，先秦人曾用梅子為羹湯調味，這是醋出現之前先民獲取酸味口感的法門。

萇楚

獼猴桃與奇異果的始祖

包括梅子在內，中國原生果蔬種類極多，所以媽媽們叮囑「多吃水果蔬菜」的歷史，可能比我們想像中的還要長。

關於水果，似乎存在這樣一種定式思維：中國原產水果，應該是最常見、售價最便宜的那種，比如梨、桃、杏、棗。但上一章我們也看到了，像西瓜、葡萄這樣如今最常見的水果，其實是上門女婿。

反倒是獼猴桃、櫻桃、柚子，這幾位看上去帶點精緻優雅、異域小資氣質的，才是根正苗紅、土生土長的名門閨果。

首先說獼猴桃。

今天市面上常見的獼猴桃，確實有些混血血統。

二十世紀初，一個紐西蘭老師來到湖北宜昌旅遊。在這片西方人眼中神祕的土地上，這位老師發現了獼猴桃，頓時驚為天人。天哪！這是什麼水果！竟然擁有這樣獨特別緻的外形、口感和氣質！她想辦法弄了些果實和種子帶回國。（看呀，紐西蘭女教師在此處也發揮「帶特產回家」的技能，歷史一再證明，該技能確實有助於提升作物種植成功率。）

話說老師回國後，將一部分種子送給當地一位高階果農。（為什麼是高階果農？因為這位果農在另一個半球，摸索著把他從未見過的水果種成了價格翻高四、五倍的新品種。）但紐西蘭饕客不認識這種毛茸茸、綠油油的水果，起先銷售並不理想。果農接連為獼猴桃換了幾個名字，陽桃、宜昌醋栗、美龍瓜，最後定名叫「Kiwifruit」，取紐西蘭國鳥奇異鳥（Kiwi）之意，從此大賣，並賣出國門，賣回中國，於是中國市面上除了獼猴桃外，新增了Kiwi果——「奇異果」。

海歸身價倍增，原來水果界也適用。

海歸歸海歸，獼猴桃原產於中國的事實，是毋庸置疑的。現代古植物學的證據顯示，距今兩千六百萬年前，中國就已經有獼猴桃果樹了。文字記載也能追溯到兩千七百年前的《詩經》，當時叫作「萇楚」。儘管有著悠久的歷史，但讓人意外的是，不知出於什麼原因，獼猴桃在中國一直未能形成有規模的種植，古人偶爾栽培，卻多半是為了觀賞用；偶爾採食，也視之為野果。正是由於這樣的生疏，導致獼猴桃給今人「國外傳入」的感覺。

柑橘

親族眾多的水果

柑橘家族則幸運多了，《呂氏春秋．本味篇》的「江浦之桔，雲夢之柚」是中國人種植橘子、柚子的早期文獻紀錄。據說，〈本味篇〉記錄的內容，是商湯開國君王商湯聽取名臣伊尹就全國各地美食的一份彙報。倘若事實果真如此，那麼至晚在三千六百年前，橘子和柚子就已經是常見水果。

橘皮曾經是最受歡迎的佐料之一，頻頻出現在古人的食譜裡。歷史課本告訴我們，北魏賈思勰撰著的《齊民要術》是中國現存最早的完整農書，其實它還是一部出色的食譜，收錄了南北朝時期近百味民間食材的烹調方法。當我們重溫一千五百年前北國風味時發現，當時的菜餚總是離不開橘皮調味，連最普通的肉丸子，也要用到橘皮。將羊肉、豬肉、生薑、橘皮、醬瓜、蔥白剁成泥狀，揉捏成丸，投入羊肉湯煮熟。

說到橘子、柚子，自然而然會想到該家族另一位熟面孔——柳丁。

那麼，柳丁是什麼來頭，又是哪國水果？

柳丁在十四世紀才被葡萄牙人帶到歐洲，哥倫布發現新大陸後，才開始在美洲種植。因此，我們今天雖然常常在廣告裡聽到商家鼓吹「美國甜橙」、「巴西甜橙」云云，其實，柳丁的身分很明確，它是土生土長，頂天立地的中華之果！

話說，整個柑橘家族的祖先，是被稱為「大翼橙」和「宜昌橙」的水果，這種古老的物種，雖然名字叫「橙」，其實只是厚厚的果皮，裹著一堆巨大的果核，壓根兒沒有果肉。我們如今食用的柳橙，原本在這個世界上是不存在的。直到有一天，橘子和柚子相遇了——柳橙——正是它們愛的結晶。

怪不得柳橙比橘子大，比柚子小，外面像柚子，裡面又像橘子，原來是它們倆生出來的！

那麼，橘子、柚子和柳橙從此過著安定幸福的日子了嗎？

並沒有。

事實上，柑橘家族這齣狗血劇才剛剛開始。

柑橘家還有一位隱藏水果——香櫞。香櫞模樣有些奇怪，看起來像皺巴巴的塑膠梨，皮極厚，果肉往往占不到整個水果的十分之一，而且味道酸澀。但它能散發出獨特的香氣，所以一直以來，被當作芳香劑擺在書房、臥室、客廳。

我們常在古裝劇裡看到這樣的場景：古人待客，桌上擺著一盤水果。其實，這盤水果通常不是拿來吃的，而是用來聞的。香櫞就是這種「聞果」的角色。不過元朝一群饕客還是琢磨出香櫞的吃法：把香櫞厚厚的皮切絲、煮熟；取蜂蜜，按照一比十的比例加水，文火慢慢熬稠，拌入香櫞絲，一道解酒醒腦的「香櫞蜂蜜煎」就做好了⓯。

香櫞充當了橘柚戀的第三者。香櫞與柚子的一次偶遇，生出酸掉牙的青檸。

面對劈腿的柚子，橘子不甘心了，於是開始報復。然而它選擇居然是柳橙！而橘、橙雜交後的產物，叫作「柑」。柑和橘無論從外觀還是口感方面都十分相像，所以我們常常把這兩位放在一起，稱為「柑橘」。

接下來，不安分的柚子又找到了柳橙——今天經常能在水果攤或超市裡見到的紅瓤的西柚，即「葡萄柚」出現了。葡萄柚是一例成功的雜交，它去掉了柚子的苦味，而且個頭比柳橙大很多。

另一例趨向完美的雜交，貢獻者是柳橙和青檸，它們遇合的產物，就是檸檬。

如今廣泛應用於西餐製作的檸檬，其實原產於中國西南部以及東南亞，被阿拉

⓯（元）倪瓚，《雲林堂飲食制度集》。

伯人帶到地中海後，迅速征服了歐洲人的味蕾。

截至目前，我們來數一數柑橘家族的排列組合：

柚子和橘子、柚子和香櫞、柚子和柳橙、橘子和柳橙、柳橙和青檸……

當然啦，柑橘家族狗血劇，仍然在不斷上演，新組合還在不斷產生，不過無論劇情如何發展，最終受益的永遠是咱們這些饕客，不，美食家。

櫻桃

唐人最愛的鮮紅漿果

比起柑橘家族的各種沒節操，櫻桃絕對是清新脫俗、溫婉精緻的代表。中國人一直對櫻桃情有獨鍾，唐朝人尤其痴迷，從天子到庶民，無不為這一粒小小的漿果傾倒。

唐人喜歡吃甜食，因此製糖技術在唐代有了革命性的飛躍——所製蔗糖更甜，產量也更高。「冰糖櫻桃」和「糖酪澆櫻桃」是當時最受歡迎的輕奢美食。櫻桃汁液漸漸將糖酪染成紫紅色，如同產自數千里之外吐魯番的葡萄酒。每位食客面前呈上這麼一份兒，拈起銀勺，輕輕挑一點送上舌尖，細細品嘗，一泓寒碧，遍野空靈，整個春天都在唇齒間綻放。

唐代科舉，進士科放榜，正是櫻桃成熟的時節。當時的風氣，蟾宮折桂的新科進士們要請客、關節，席間自然少不了櫻桃。每值此季，京城櫻桃往往價格飛漲，所以購置櫻桃請客，漸漸變成財力的攀比。

請客缺了櫻桃，自然有失體面，即使櫻桃準備的不夠多，也有遭人訾議之虞。櫻桃這樣重要，久而久之，進士們中第後第一次宴請，就被冠以「櫻桃宴」之名。

唐僖宗時，淮南節度使劉鄴的三兒子劉覃進士及第。劉家殷富，劉覃為講究排場，不惜大事鋪張，在京城選開花結實最早的櫻桃樹，預訂了幾十株。由於櫻桃新結，為了趕時間，有些尚未完全成熟的也一併採摘了來，劉覃吩咐，全部做成「糖酪澆櫻桃」，以糖酪調和未成熟櫻桃的酸澀。

是日大設筵席，遍邀公卿。他父親身為封疆大吏，又曾在朝作宰相，因此，劉覃請客，京城赴宴的名流格外多。當時京城的櫻桃剛剛上市，好些官貴還沒能吃到，劉覃這裡卻已經山積席鋪，令眾食客驚嘆不已。劉覃大手一揮：「各位放開吃，管夠！」真是賺足面子。

進士們作為朝廷未來棟樑，尚未授職上任，先賣弄虛榮，攀比成風。大唐帝國末期的腐敗糜爛，已經處處可見，積重難返。就在這位劉姓節度使三公子高中進士、擺下奢侈的櫻桃宴三十年後，曾經璀璨至極的大唐王朝宣告滅亡。

糖酪澆櫻桃

材料：櫻桃、蔗糖、牛奶、碎冰。

作法：櫻桃盛在考究的小碟子，或剔透的琉璃盞裡，澆蔗糖乳酪；倘若天氣炎熱，還要加碎冰。更妙絕的吃法，則是一粒一粒將核剖出，櫻桃搗作泥，和著牛奶、糖酪、冰塊。

荔枝
千里快遞不嫌遠

在吃水果這件事上窮奢極侈，唐朝人已經不是一次兩次了。其中最著名的，同時恐怕也是吃水果史上最折騰的，當然還是屢遭後世口誅筆伐的「一騎紅塵妃子笑」。其實若放在今天，這根本只是件再平常不過的小事，我們也很容易體會楊貴妃企盼荔枝的心情——遠遠望見快遞小哥絕塵而來，收到心心念念的包裹，笑逐顏開。然而在當時，妃子一笑，卻犯了眾怒，有多少人無法想像朝廷出動何等人力物力，把一日而色變的荔枝千里加急快遞到長安城、華清宮，只為了博取這位絕代佳人的歡心。

物流發展至今，二十四小時到貨尚且時有延誤，何況一千年前的唐朝。當時荔枝的貢籍，一種觀點認為是嶺南（福建廣東一帶）⓰，另一派認為是巴蜀⓱。無論何者確切，距離京師途程都在千里之上，斷然無法一日抵達。所以，即使驛站相連，快遞小哥全力衝刺，每一程飛馳以進，也需配合保鮮技術，才能如《新唐書》

所言「走數千里，味未變已至京師」。

唐人沒有說清楚皇室到底用了什麼法子維持荔枝的新鮮度，不過我們可以從歷史上其他水果的保鮮技術記載中窺見端倪。

早在六世紀中期成書的《齊民要術》裡提供了一種漿果保鮮的方式：把整株葡萄存入地窖，覆土開孔，以控制溫度溼度，同時確保通風，讓窖藏的葡萄能「經冬不異」。若保存得法，可以順利越冬，但這種辦法顯然更適合居家存貨。（無法想像快遞小哥千里衝刺送荔枝時，馬屁股後面拉一車土會是怎樣的畫面。）

九世紀，花剌子模商隊用冰雪包裹著西瓜，儲存在鉛製容器裡，以便長途跋涉時，確保西瓜的新鮮度⓲。但是冷藏物流費時耗力，又受地域、氣候制約，應用必然有限。

其實隋唐時期，南方地區向長安城輸送的水果還有很多，比如金橘。商人們發現，橘子藏在綠豆或松針裡，封箱裝車，三個月到半年之後取出，橘子色澤不損，

⓰（元）倪瓚，《雲林堂飲食制度集》。

⓱持此說者，如北宋蘇軾〈荔枝嘆〉、蔡襄《荔枝譜》等。

⓲Edward H. Schafer，《撒馬爾罕的金桃・第七章・植物》。

如初摘於樹，鮮果率達百分之八十以上。直到今天，仍然有果農用松針維持水果的新鮮度⓳，效果甚至更勝冰箱冷藏。

除了混藏法，還有蠟封法。隋文帝楊堅每年都要吃蜀地入貢的柑，新摘的柑橘，將果蒂蠟封，從四川出發，越過崇山峻嶺，逶迤千里來到大興城，「香味不散」。

北宋，京城開封需要洛陽的牡丹花。花卉運輸要求更苛刻，為防止萎凋，花匠們同樣用蠟將花蒂封住，整株置於竹籠，減輕馬上顛簸對植株的損傷⓴。

因此我們猜測，楊貴妃之所以能吃到新鮮荔枝，其保藏方法大抵仍不出整株、密閉、蠟封。

中國歷史上有許多名人是荔枝控，蘇軾稱讚荔枝是水果界的第一把交椅，雄才大略的漢武帝也極嗜荔枝，還曾經試圖將這種南方水果移植到上林苑——方法簡單粗暴——即整株連根挖起，送到長安。但西漢的果樹栽培技術實在不夠成熟，由於水土、氣候差異，所移植的荔枝樹無一株存活。漢武帝這邊還望眼欲穿等著吃自家種的荔枝呢，聞訊勃然大怒，不問青紅皂白，把負責護理荔枝的園丁、小吏盡數處死㉑。強漢盛唐，兩位偉大的帝王為了荔枝殺人勞民，在文人筆下，荔枝可謂毀譽參半。

到了宋代，荔枝保鮮技術又有進步。黃蠟封藏荔枝果蒂，整果浸泡在蜂蜜裡，錫瓶盛裝，置於水中，每天換水一次，防止細菌滋生。該方法分別用了蠟、蜂蜜、錫製容器、水來隔絕空氣，層層防護，戒備森嚴。一枚荔枝的待遇，簡直不啻於電影裡重兵把守的稀世珍寶。

還有把荔枝連枝帶葉塞進竹筒的。林中巨竹，鑿一孔，用竹籜（竹筍的外皮）和著泥牢牢封死，借竹子的生氣滋養，能貯藏一個冬春，色香不變。不過這種辦法見載於籍，已經是明代了。

相較於葡萄、茄子這樣的外來客，中國原生食材陣容實在龐大太多了。我們整理的這份原生食材表單，只能選取其中一些有代表性的食材羅列（見下頁表格）。

提出「民以食為天」的中國人，深諳食物於民於國的重要，也深知稼穡之道的艱辛。秉持著這樣的敬畏和渴求，先民們不斷探索、開拓食材邊界，千萬年來從未停歇。從一粒粟到一碗羹，餐桌上的一飲一啄，是整個民族的勤耕不輟。

⓳ 唐仁軍，〈柑橘的松針襯果保鮮貯藏法〉，《四川農業科技》，一九八四年五期。
⓴ （北宋）歐陽修，〈洛陽牡丹記〉。
㉑ 佚名，《三輔黃圖》。

中國的原生食材

主食

- 水稻
- 小米（粟）
- 糜子（黍）
- 栗
- 大豆

調味料

- 花椒
- 茱萸
- 蓼
- 芥

水果

- 棗
- 枇杷
- 柿子
- 梨
- 橘子、柚子、柳丁
- 櫻桃
- 中國李
- 獼猴桃
- 荔枝、龍眼
- 桃子
- 杏
- 桑葚

配菜

- 大白菜
- 韭菜
- 冬瓜
- 香榧
- 榛子
- 黑木耳
- 茭白
- 山藥
- 葫蘆（瓠）

中國吃飯史大事件年表

約四十萬年前	開始使用火
一萬年前	飼養家畜
約八千年前	種植水稻
約七千年前	開始種植小米
約五千年前	小麥傳入
西元前一一五年	張騫引領第一波大規模食材傳入
西元一〇一一年	占城稻引入
北宋中後期	炒菜普及
西元一五五〇年前後	玉米、馬鈴薯、番薯、花生傳入
約西元一五五〇年至一六〇〇年	辣椒傳入

幻之美味——僅存史冊的味蕾傳說

在吃這件事情上，今人比古人幸福太多：明代之前，倘若有人看到女朋友滿頭大汗、涕淚橫流、咧著嘴巴直吸涼氣，大約會嚇得半死，以為什麼急病突然發作，二話不說抱起來直奔郎中家。而不會像如今，輕描淡寫瞅一眼，嘟囔一句：「活該，誰叫妳吃那麼多辣椒！」然後繼續打怪。

當真世風日下。

今天的食物之豐富，遠超歷史上任何時期。

照理說，古人能吃到的東西，今人也能吃到。除非法律不允許，或者該物種滅絕，否則饕客們就算上窮碧落、掘地三尺，也不會放棄任何一味美食。

但其實存在這樣一類食物，它們是古代餐桌上的常客，今人卻難得一飽口福。

菰米 因病被拋棄的主食

菰米也叫「雕胡米」，是水生植物「菰」的種子。作為食物，它的命運很可憐——它並沒有真的滅絕，而是被人為給「做掉」了。

歷史上的菰米曾經風光無限，與稻、黍、稷、麥、菽這五穀地位相差無幾，是主食界的超級巨星。它被人類拋棄，要從它的一次生病說起。西周時期，一個偶然的機會，栽培菰的人發現，當菰染上黑粉菌，會發生病變，莖部膨大，變成一種美食——茭白，但代價是無法抽穗結實，產出菰米。

也就是說，饕客們面臨一個痛苦的抉擇——在菰米和茭白之間二選一。

到了唐宋時期，水稻、小麥產量越來越高，採收不方便、產量有限的菰米無法適應人口增長的需要，終於江湖地位不保，越來越多的種植者選擇培育茭白，放棄菰米。今天市面上雖偶爾還能見到它，但是高昂的價格，使之完全變成「嘗一嘗圖個新鮮」的存在。

荇菜

成就一段愛情的水生植物

《詩經．關雎》有這麼一段：

關關雎鳩，在河之洲。窈窕淑女，君子好逑。

有個自稱「君子」的小夥子——嗯，可以想像成一位教養不錯，很想談戀愛，卻略矜持而不敢表白的男生。他漫步河邊，忽然發現一位姑娘，登時一見鍾情，全面淪陷，可還是要繃著君子的高冷，不去搭訕，忍得好辛苦。於是後面又喃喃：

求之不得，寤寐思服。悠哉悠哉，輾轉反側。

姑娘的倩影時時浮現在心頭，他日思夜想，魂牽夢繞，整宿整宿睡不著。為了製造見面機會，他一次又一次來到河濱，彈琴敲鐘擊鼓，費盡心思引起那位姑娘的注意……

然而姑娘出現在河邊，其實是為了尋找一味大自然的饋贈——荇菜。

參差荇菜，左右流之。窈窕淑女，寤寐求之。

……

參差荇菜，左右採之。窈窕淑女，琴瑟友之。

參差荇菜，左右芼之。窈窕淑女，鐘鼓樂之。

荇菜是今天相當常見的水生植物，我們通常能在池塘、水渠看見這種飄浮在水面的綠色圓葉，當然已經很少有人把它當食物了。不過在黃瓜、番茄、茄子、洋蔥等尚未傳入，蔬菜資源欠豐富、種植技術比較原始的先秦，清脆爽口的荇菜明顯是許多家庭的餐桌之選。

〈關雎〉的女主角無疑經常採食荇菜，給了小夥子搭訕的機會，或許就此促成一段姻緣，當真是「唯美食與愛不可辜負」的典型。而由荇菜引出的這則「窈窕淑女，君子好逑」的詩篇，古往今來，又不知成就了多少美好的愛情。

堇菜　從家常蔬食淪為野草的植物

說到堇，熟悉古希臘歷史的朋友可能會想到蘇格拉底。據他的弟子柏拉圖記錄，這位偉大的古希臘哲學家正是喝下毒堇汁液，全身麻痹，四肢抽搐，最後心臟衰竭而死。

這不是劇毒嗎？咱們的祖先拿來當蔬菜吃？

當然不是，饕客歸饕客，又不是百毒不侵。

事實上，據現代研究發現，毒死蘇格拉底的植物並非堇菜，真正的殺人兇手，應該翻為「毒芹」或「毒參」。所以說，翻譯還是很重要的，翻譯不到位，竟連累一株無辜蔬菜蒙冤多年。

堇菜被扣上殺人的黑鍋，「樹大招風」是原因之一——堇菜屬的成員太多了，全世界有超過五百種堇菜，僅中國就存在一百二十多種，難免有一些種類含有毒性，被張冠李戴。

對真正的饕客而言，判斷一種植物能不能吃的標準，不是營養，不是口感，而是有沒有毒，以及毒性大不大。

所以，澄清了殺人的罪名，我們馬上來看看堇菜在美食界的應用。

中國古代科舉考試，有幾本書幾乎是必考的，中國人稱之為「四書五經」。其中，《禮記》就是「五經」之一。在這部讀書人必讀的教科書上，記載著一份平民家子女孝敬父母公婆的食物標準：

> （事父母姑舅）饘酏、酒醴、芼羹、菽麥、蕡稻、黍粱、秫唯所欲，棗、栗、飴、蜜以甘之，堇、荁、枌、榆、免、薨，滫以滑之，脂膏以膏之。

堇菜赫然在列。也就是說，至少在《禮記》成書時的西漢，以及西漢之前，種類多、分布廣的堇菜是百姓餐桌上最常見的蔬菜之一。

但與絕大多數今天淪為野菜的植物一樣，在大小白菜成功培育並廣泛種植，茄子、番茄、黃瓜、洋蔥等蔬菜傳入中國後，堇菜的食用價值越來越低。今天，堇菜依然在公園草坪、道路兩旁，任何有土壤的地方默默開花、生長，車水馬龍，行影匆匆，卻早已無人注意這些不起眼的孤芳。

葵
蔬菜界的龍頭老大

食材界也有「鳩占鵲巢」的事情。

比如，葵。

今天，「葵」字多被用作向日葵、葵花籽的簡稱。

但是看過第一章的朋友應該還有印象，向日葵是明代中後期才從美洲傳入中國的舶來品，中國種植向日葵的時間，不過四百多年而已。

那麼在此之前，葵是什麼？

我們仍然要提到那部中國農業史上的豐碑巨著《齊民要術》。農業十項全能的大神賈思勰不但用文字滿足了無數饕客的胃，其所普及的農業生產技術經驗，同時改善了無數面朝黃土的普通百姓的生活，對於以農為經濟支柱產業的古代中國而言，價值實在難以估量。在南北朝玄言清談的世風潮流之下，務實的賈思勰是當時的異類，也是萬世的偉人。

《齊民要術》第三卷（蔬菜卷）開篇就講種葵。以葵為蔬菜之首，足見其重要的程度。與《齊民要術》相提並論的另一部農學專著，元代的《王禎農書》給了葵更高的評價——百菜之主。

蔬菜界的龍頭大哥！

他們說的葵，就是「葵菜」，民間也稱「冬葵」、「冬莧菜」或「冬寒菜」。

看到後面三個名字，某些饕客唇舌間可能已經回憶起那份縱享絲滑的愉悅了。相較於前面出場的荇菜和菫菜，今人對葵菜的味道還不算特別陌生，尤其南方一些地區，遊遍十里菜場，還是有機會買到葵菜，讓幾百年前的蔬菜之王重新回到餐廳吊燈下、杯盞歡聲中，熱氣和香氣瀰漫的餐桌，享受咀嚼和讚美。那是葵菜最熟悉的舞臺。

漢樂府有一首〈十五從軍征〉，十五歲的少年拜別父母，從軍離鄉，待他歸來，已是白髮蒼蒼、年逾八十的老翁。他顫顫巍巍地舂穀做飯、採葵為羹，張羅了一席飯菜，可是，等他吃團圓飯的人，不知執著地等了多少年後，終究熬不過時間，如今早已不在。

少年一別，便是永訣。

這是無數征人家庭的寫照，而葵菜，也曾在過去數千年裡，相伴無數家庭，是他們吃飯必備的蔬菜。

葵菜的古今吃法一脈相承，除了醃製外，由於口感爽滑，常常用來煲湯、熬粥和做羹。例如南宋時期女真族的「廝剌葵菜冷羹」㉒。

充滿異國風情的廝剌葵菜冷羹

作法：煮熟瀝乾的葵菜莖、葉擺盤候涼，上堆雞絲、羊肉、羊舌、羊肚絲、羊腰子、薑絲、筍絲、黃瓜絲、蘑菇絲，澆以五味調和的肉汁加蓼實，即可上桌。

小時候砸缸，長大做宰相的司馬光寫過一句詩，「更無柳絮因風起，惟有葵花向日傾。」這句話什麼意思呢？柳絮隨風亂飛，搖擺無主見，葵花一心向日，忠心耿耿。古人認為葵菜葉子能根據太陽的位置變換角度，以避免根部遭到陽光直射。司馬光把自己比作葵菜，堅定不移地跟著太陽走——太陽自然就是皇帝了，所以葵菜也成為忠心的象徵。

可以考慮在辦公室種盆葵菜，既能向上司表明心跡，又能淨化空氣，最重要的是，還能一飽口福，一舉三得。

到了明朝中後期，一種原產美洲的植物傳入中國，該植物的花盤也能隨太陽轉動，於是沾葵菜的光，得了「向日葵」的名字。但實際上，向日葵跟「葵」沒有半分關係，它甚至不是葵科植物，而是隸屬於菊科，最初引入中國，也不是用來吃，而是用來觀賞的。

蔬菜界巨頭，被菊花科的後起之秀奪走了專屬代號，這是什麼感覺？

可以想像成你是全世界最赫赫有名的果農，坐擁祖傳千年、遍布全球的龐大蘋果產業，世人每一次吃蘋果，都會想起你的名字，但有一天，你忽然發現，世人談論的蘋果不再是你的蘋果，而是一種手機。

葵菜的沒落，在一定程度上是今天人們可選擇的蔬菜種類越來越多所造成的。當然，風水輪流轉，葵菜並沒有、也不會徹底消亡，它的一位遠親，原產於南亞的秋葵，正悄然興起，以「葵菜」之名捲土重來，延續葵家族的榮耀。

㉒（元）佚名，《居家必用事類全集》。

蓴菜

寧可辭官也要吃到的水生植物

西晉末年，秋，京都洛陽城。一個中年人輕裘緩帶，背負雙手，昂然佇立在風中，望著蕭蕭落木和南歸的大雁，不停地吞著口水。

他受當朝權臣齊王司馬冏之邀，離開故鄉蘇州，北上來到京城任職，負責考核與任命中央機關高級官員，權力既重，又備受百官敬畏，正是人生得意之際。可是此時此刻，他卻悶悶不樂。

因為他想起了家鄉的茭白、蓴菜和鱸魚。

當時物流不發達，洛陽城裡根本吃不到這些美味。

明天是否會想起母親做的鱸魚；明天你是否還惦記，曾經最愛吃的你。口水已經流滿衣襟，淚水也溼潤了眼眶。決定了！結束北漂生涯！辭職回家！

他辭去位尊權重的官位，在同僚、朋友的詫異不解中，回到故鄉那片魚塘，從此與蓴菜鱸魚羹相伴。

此人就是西晉文學家張翰。他為美食斷然拋卻祿位的瀟灑，世人讚作「蓴鱸之思」，傳為千古佳話。

張翰辭職幾年後，老長官齊王司馬冏參與「八王之亂」，兵敗被殺，株連同黨達兩千餘人，而張翰因早早置身事外，被認定與叛亂無關，得以在這場全國性的大動盪中倖免於難。

蓴鱸之思，是鄉情，也是中國古人「世無可抵則深隱以待時」的處世哲學。

生長在水裡的蓴菜，口感鮮滑，比之葵菜更勝一籌，難怪能讓張翰這般欲罷不能。

夏秋時節採摘蓴菜，與金華火腿絲、雞脯肉搭配，清爽嫩綠的精靈，紅黃相間的鮮香簡單相遇，完美交融，成就了一道經典的「西湖蓴菜湯」。

今天，能買到新鮮蓴菜的地方越來越少。蓴菜資源稀缺，與荇菜、堇菜和葵菜的情況稍有不同——蓴菜生長，對水質有著嚴格的要求，人類文明進入到工業時代，環境對蓴菜的生長越來越不利，野生蓴菜甚至幾近消失，比如在中國，就被列入《國家重點保護野生植物名錄》，保護級別為一級。

植物於環境，何嘗不是「無道則隱，有道則仕」？

不過，相信隨著近年來生態環境保護意識漸長，不久的將來，蓴菜會從江湖歸來，回到更多家庭的餐桌上，重新綻放神奇口感。

薤

比主角更搶眼的配角

薤在今天一般稱「薤白」，其地下鱗莖可食。它的一個亞種——藠頭（蕎頭），是更美味的存在，可用來醃製、炒肉或佐魚。尤其用藠頭炒肉時，一些饕客甚至會優先選擇吃光藠頭，戰略性地放棄主角肉片。

可見這味食材的神奇。

倘若把四川、湖南一帶的「醃藠頭」拿給北方人看，會有很大的機率被誤認為「糖蒜」。

藠頭和薤白的外形、味道都與大蒜有幾分相似。外形上，藠頭像是「一瓣蒜」，而薤白則像「一顆蒜」；口感方面，薤白更重一些，因此吃法多為醃漬，藠頭則是百搭款，明顯更受歡迎。

中國人食用薤類植物的歷史悠久，《黃帝內經》列舉當時蔬菜界的五大天王分別是：葵、韭、藿、薤、蔥。而今，除了韭菜和蔥，剩下三位曾經陪伴我們的常見蔬菜，已經散落在天涯。

一種食材要想保持其江湖地位，最重要的是要保證產量、營養和味道，好在藠頭的味道確實有獨到之處。

堇菜篇提到的那部先秦時期的「兒媳與公婆相處指南」——《禮記．內則》為不會做飯的新婚姑娘們提供了一份詳盡的食物搭配方案，其中建議用薤類植物改善動物油脂的異味：

脂用蔥，膏用薤。

考慮到先秦普通百姓家庭烹飪條件簡陋、食材稀缺，雖然有神奇的藠頭在手，也很難搭配出什麼精彩的味道。今人就不同了：

醃藠頭，用醋則酸甜，加辣椒則酸辣，又或者你喜歡糖醋也未嘗不可，幾粒入口，胃口全開，足以吃下一大碗米飯。

酸辣藠頭魚，鮮藠頭、或者直接用醃好的藠頭、泡椒或者朝天椒，在高溫油脂的作用下迅速釋放濃烈的辛香，不僅中和了腥氣，而且充分滲入魚肉，食材間相互作用產生的魔法，讓一鍋淡水魚，有了層次分明的味道，魚湯入口的那一剎那，酸辣鮮美立即征服了舌頭，以及全身的神經。

當然，最經典的還是蓊頭炒肉。無論炒臘肉、回鍋肉還是扣肉，蓊頭有著將平凡演繹成華彩的本領，而且是極好的下酒菜。

最後我們有必要提醒饕客們，蓊頭雖好，可不要貪吃。這種食物對腸胃有刺激作用，常見過量食用後，「排氣量」陡增的現象。尤其在談生意前，或者同心儀對象約會時更要慎重。

畢竟在生活中，美食可以常有，但有些機會，真的不要輕易錯過。

芡實
古人勾芡必備的雞頭米

芡實還有一個奇怪的名字——「雞頭米」。

當然芡實跟大米、小米沒什麼關係，它是一種睡蓮科植物的種子，當它採出水面，含苞待放的時候，遠遠看上去如同雞頭。

舉目望去，水面上浮著一片片蓮葉，一顆顆雞頭，也是壯觀景色。泛舟其間，近距離觀察，會發現雞頭生滿尖刺，令採花者束手。不過當打開米苞，剝除外殼，一粒粒溫潤如玉丸的珠子呈現眼前時，不得不讚嘆這種植物外表強悍，內心柔軟。

中餐烹飪，有一種常見的工藝叫做「勾芡」，也就是澆澱粉糊，使菜餚湯汁濃稠。明代之前，祖先手裡沒有馬鈴薯，沒有番薯，要獲取澱粉，最常見的辦法是從山藥、茯苓、藕或者芡實中製取，芡實正是因為富含澱粉，得了這麼個名字。

呵，澱粉的代言人啊。

古籍中常見食用芡實的例子，古人用它熬粥，或者點綴某些複合食物，比如《居家事類必用全集》烹飪部分介紹的「荷蓮兜子」。嗯？看這書名，好像今天陳列在書店，薄薄的、帶許多插圖的生活指南叢書，實際上這本書出自元朝人手筆，足見元朝圖書編輯的構思超前。

「兜子」是一種挺特別的食物：粉皮裹著各色餡料，上甑蒸熟，晶瑩剔透。製作荷蓮兜子，不需要什麼稀有特殊的食材，咬下去，閉上眼睛，舌尖上那一派自然純樸的清新，卻彷彿來到了小楫輕舟，夢入芙蓉浦的江南水鄉。

吃芡實，要趁新鮮。但由於芡實外殼堅硬，不借助工具很難剝除，因此市面上難得見到帶殼的芡實。

離殼後，芡實迅速硬化，變得難以熬煮，這也讓一些饕客望而卻步。浸水泡發和蒸食可以解決此一問題，但泡水不易掌握時間，蒸食則意味著放棄了芡實韌彈的口感。

現今，作為澱粉主要來源，馬鈴薯、番薯、玉米產量高而穩，芡實已漸漸失去了在澱粉界的話語權。不過一碗簡簡單單的「糖水雞頭米」，仍然是蘇州人的最愛——新鮮芡實煮幾分鐘，撒入白糖放涼，宛然是蘇州夏日的味道。

香菜

從香料變佐料

中餐，向來以善於激發和完美混合各種食材的味道著稱。

絲綢之路開通之前，中餐味道遠不及今天這般豐富，當時廚師們可選擇的調味料實在有限，甚至連水果，比如梅子和橘子皮都被用來改善食物的味道。

西元前一一五年的某天，長安城一片歡騰，上自公卿，下至庶民，夾道歡迎一位海歸回國。此人以一己之力，改變了中國人的食物結構，他就是海外代購開創者、大漢中郎將、傑出的外交家、探險家、旅行家、食神、博望侯——張騫。

同僚們圍著張騫的車隊，爭相品嘗和點評他帶回的新式食材。

有人涕淚交流。

真有這麼好吃？大家很好奇，是什麼樣的美味能讓當朝大臣感動到哭泣？

「是大蒜。」

張騫徐徐說道：「他是被辣哭的。」

張騫此行，帶回了兩種重要的調味品：口感雄壯威猛的大蒜，以及妖嬈邪異的香菜。

中國人吃香菜吃了兩千多年，還是沒能完全接受它妖邪的味道。對香菜的褒貶不一，並沒有影響胡商們載著更多調味品來中國販賣的腳步。

許多調味品最初是被當作香料進口的。所謂香料，功用類似於空氣清新劑或香水，不同香料用法不同，燃香、沐浴或者做成香囊佩戴，總之，香料是提升生活品質的奢侈品。

胡商們聽說了中國的富庶，紛紛湧入這個神祕的國度，操著不流利的長安話向中國買家介紹自家香料的種種優點，買家似乎被打動了，買了一大包回到家，順手交給廚子：「這麼香的東西，做菜用吧。」

畫風好像跟外國商人們想像的不大一樣。

另一批更具鑽研精神的醫生，則忙著總結各種香料在醫學領域的應用——多半還是用來吃。

砂仁　從佐料變藥材

各時期傳入中國的調味料，包括茴香、蓽茇、阿魏，以及砂仁。

砂仁是宋元時期極其常見的調味品，在當時各種食經中出場率極高。㉓

雖然今天砂仁也會用於煲湯燉肉，但更常見的身分，已經從佐料變成了藥物。

沒有不散的筵席。

食物也是一樣。

食物的堅守、流轉、嬗變與淡出，是人類文明進化使然。

當更好的替代方案出現時，原有的食材難免遭受衝擊，以至於漸漸被時間剝離生活，重新回歸江湖山野，回到不為人知的原始世界，繼續生長、枯榮。

淡出不是終結，是返璞歸真，史書上，回憶裡，它們一直都在。

㉓（宋）浦江吳氏，《吳氏中饋錄》。

宋式炒肉

作法：1、精瘦肉切成極細極薄的肉片，浸在醬油裡入味。

2、鍋燒到熾熱，肉片下鍋爆炒，炒白即起鍋。

3、此時肉片經加熱成型，切作肉絲。加醬瓜、糟蘿蔔、大蒜、縮砂仁、草果、花椒、橘皮絲、香油拌勻。

4、再下鍋略炒，起鍋，澆醋或者蘸醋吃。

卷貳

穿越餐桌的階級：

從宮廷到街巷的歷史饗宴

皇室權貴的奢宴：解密上流餐桌

帝王家餐桌——吃的是排場，更是權力

帝王御膳，基本上代表了中國古代飲食最頂尖的水準。本章我們將進入古代宮廷，一窺皇帝們的日常便飯和盛宴珍饈。

周王室的千人廚師團隊

首先來到兩千五百年前的周王朝。

在這裡，我們將見到龐大的御膳系統，周王室為建立廚師團隊，投入了巨大的人力物力，有超過兩千兩百人每天忙著為天子張羅食物。

這支隊伍又分成若干部門，分工精細。有負責天子在外面吃飯的、負責天子在家吃飯的、負責往煮肉的鼎裡添水以及掌握火候大小的（一個獨立的部門，多達

五十七人專職做這個）、負責出外捕捉鳥獸野味的、負責為王室捕魚的、負責捉烏龜撿蛤蜊的、負責做醬料的、負責製肉乾的、負責醃鹹菜的、負責提供堅果零食的、負責製冰取冰的……

單單一個以抓烏龜、鱉、撿蛤蜊為日常工作的部門，就多達二十四人，可謂勞師動眾。（身為中央機關公務員，每天上班就是提著籃子蹦蹦跳跳去小溪撿蛤蜊……）

這一切的幕後主管稱為「太宰」，他是周王室的後勤總監。後來，太宰的職務，由內朝主管，變成外朝主宰；職權從管理天子家事，擴大到掌邦治、統百官、均四海；從管家演變成行政長官，最後成為後世的「宰相」。

所以說，三百六十行，行行出狀元，誰說當廚師沒前途？大權在握，位極人臣，總掌朝廷之機要，影響一國之盛衰。

從掌廚到掌國的名臣伊尹

由廚入政，最典型的例子當屬名臣伊尹。

伊尹所處的時代，正值夏王朝末世，國君夏桀荒淫殘暴，搞得天怒人怨，萬民離心，所有人都想顛覆這個黑暗的政權，唯獨缺一個帶頭人。

成湯是中原腹地一個叫「商」族的部落首領，素來精明強幹。這天，他的部落來了個背著大鼎砧板的人應聘主廚，此人就是伊尹。

我們前面提到，當時廚師的地位很高，是能夠直接接觸到君王、首領的心腹之人，成湯不敢大意，親自面試，驚喜的發現伊尹不僅燒得一手佳餚，而且胸中包羅萬象，實有經天緯地之才。於是立即另眼相待，委之以重任。

據《呂氏春秋．本味篇》記載，伊尹在成湯面前侃侃而談，論述天下至味、施政之道，列舉了一份令人口水直流的菜單，其中包括：

肉食之美者：猩猩之唇，獾獾之炙，雋觾之翠，述蕩之腕，旄象之約。流沙之西，丹山之南，有鳳之丸，沃民所食。

肉類：猩唇、烤獾鳥、犛牛尾、象鼻、鳳凰蛋。

都是些稀奇古怪的食材，估計成湯一樣都沒吃過，所以聽得食指大動。

魚之美者：洞庭之鱄，東海之鮞。醴水之魚，名曰朱鱉，六足，有珠百碧。雚水之魚，名曰鰩，其狀若鯉而有翼，常從西海夜飛，游於東海。

魚類：洞庭湖的江豚、東海的魚子醬、能口吐碧色寶珠的六足鱉、會飛的鰩魚。

會飛的魚您見過嗎？想不想吃？

鰩魚胸鰭寬大，如同翅膀，所以古人以為這種魚會飛，伊尹更是極盡誇張，說鰩魚能從西海飛到東海。

可是成湯不明真相，口水流了一地，不停地點頭，想吃想吃！

有肉有魚，還有數不清的佐料、糧食和水果。

和之美者：陽樸之薑；招搖之桂；越駱之菌；鱣鮪之醢；大夏之鹽；宰揭之露，其色如玉；長澤之卵。**飯之美者：**玄山之禾，不周之粟，陽山之穄，南海之秬。**果之美者：**沙棠之實；常山之北，投淵之上，有百果焉；群帝所食；箕山之東，青鳥之所，有甘櫨焉；江浦之桔；雲夢之柚；漢上石耳。

伊尹為成湯描繪了一個全新的美食世界，成湯再也忍耐不住，問：「我可以吃到這些嗎？」

伊尹說：「不行啊首領，這些食材都在您的領地之外，現在的您什麼也吃不到。今夏桀無道，不如您起兵推翻他，奪了江山，到時候天下一切美食，憑君享用。」

敢情你說了這麼多，就是為了勸人家起兵稱王？滿滿的套路。

西元前一六〇〇年左右，成湯伐夏，鳴條一戰，擊潰夏主力部隊，夏王朝滅亡。成湯，便是殷商開國君王，拜伊尹為相。

伊尹由廚入政，從五味調和到陰陽燮理，自庖廚間領悟到治國之道，並以此王佐輔弼，興商六百年，為後世人臣榜樣。

天子吃飯陣仗大

當然，伊尹所列舉的食材，很多僅存於傳說中，不能作為當時君王飲食研究的參考。

《周禮》和《禮記》關於周天子飲饌的記載，則權威得多。

周天子吃飯：凡王之饋，食用六穀，膳用六牲，飲用六清，羞用百二十品，珍用八物，醬用百有二十物。

光醬料就多達一百二十種，另外還有被後世傳得神乎其神，幾乎成為奢侈代名詞的「八珍」。其實當時的八珍，以今天的眼光看，只是很普通的食物，這八珍包括：淳熬、淳母、炮豚、炮牂、搗珍、漬珍、熬珍和肝膋。

《禮記》對八珍做了考證：

淳熬：濃濃的肉醬煎香，澆在旱稻米飯上，再澆一遍油脂。

淳母：與淳熬製法一致，將稻米飯換成黍米飯。黍米就是大黃米，也叫糜子。

炮豚：炮豚的製作工藝略複雜。取乳豬，掏除內臟，腹腔填滿大棗，用蘆葦把小豬纏裹起來，塗一層帶草的泥，架在猛火上燒，是為「炮」。炮畢，剝去泥巴，揉搓掉燒製時豬體表面形成的皺皮，稻米粉調製成糊，塗遍乳豬全身（類似今天的掛糊），再投入盛有動物油的小鼎，並保證油沒過豬身，將小鼎放入盛水的大鍋中，熬三天三夜後，取出小豬，佐肉醬、醋等食。

炮牂：乳豬換成羔羊，製法同上。

擣珍：牛、羊、麋鹿、鹿、獐等動物的里脊肉，經反覆捶打，除去肉中的筋腱，烹熟之後，取出揉成肉泥而食。

漬珍：選用剛剛宰殺的新鮮牛肉，切成薄片，酒裡浸泡一整夜，調肉醬、梅醬、醋等調料。

熬珍：類似於肉脯。牛肉或者鹿肉、麋肉、獐肉經過捶打，除去皮膜，攤在葦荻箴上，再撒薑、桂和鹽，以小火慢慢烘乾而成。

肝膋：取狗肝一副，用狗腸脂肪蒙起來，烤熟，使脂肪滲入肝內。米粉糊潤澤，另取狼胸油切碎，與稻米合製成稠粥，一起食用。

八珍在後世多有演變，尤其一些通俗小說，將八珍附會成：龍肝、鳳髓、豹胎、鯉尾、鴞炙、猩唇、熊掌、酥酪蟬。奢華固然奢華，只是如龍的肝、鳳凰骨髓、豹子胎盤、烤貓頭鷹這些東西，似乎已經不屬於人類食物。

孟子的一句「魚，我所欲也，熊掌，亦我所欲也，二者不可得兼」，讓許多人以為在古代，熊掌和魚是同樣常見的食材。實際上孟子只是在打比方，古代野生熊雖多，但還不至於人人有熊掌吃。

晉靈公不行君道，殘忍好殺，《左傳》記錄了他因為熊掌殺人的荒唐事：

> 晉靈公不君。厚斂以雕牆。從臺上彈人，而觀其辟丸也。宰夫胹熊蹯不熟，殺之，寘諸畚，使婦人載以過朝。

晉靈公高築樓臺，居高臨下，手持彈弓射擊路人，以路人閃避狼狽為樂，一派「熊孩子」作風。接下來，他因為一份沒有燉熟的熊掌，殘忍地殺掉了廚師，還將屍體放在筐裡，叫宮女駕車載著招搖過市，足見其心理之不正常。

這段記載向我們揭示了古人是如何處理熊掌的，熊掌味膻，膠質含量高，難熟，因此燉煮是理想的烹調法。

螞蟻卵和牛的胃也能做醬料

醬，是當時最常見的佐餐料理。彼時做醬，還沒出現後世發酵的工藝，所謂醬，只是將食材剁爛，調以佐料而已。周王室設有專事料理醬的職位——醢人。

> 醢人掌四豆之實。朝事之豆，其實韭菹、醓醢、昌本、麋臡、菁菹、鹿臡、茆菹、麇臡。饋食之豆，其實葵菹、蠃醢，脾析、蠯醢，蜃、蚳醢，豚拍、魚醢。加豆之實，芹菹、兔醢，深蒲、醓醢，箈菹、雁醢，筍菹、魚醢。羞豆之食，酏食、糝食。

來看看上面文字介紹的一大堆醬料（包括鹹菜）都是些什麼：

韭菹：韭菜做的醃菜。

醓醢：有汁的肉醬。

昌本：菖蒲根切段醃製。

麋臡：帶骨的麋肉醬。

菁菹：醃蕪菁（大頭菜）。

茆菹：醃蓴菜。

麇臡：獐肉醬。

葵菹：醃葵菜。

蠃醢：田螺肉醬。

脾析：碎切牛百葉（牛胃）。

蜃醢：蚌肉醬。

豚拍：小豬仔肩胛肉醬。

蚳醢：螞蟻卵醬。

芹菹：醃水芹。

深蒲：蒲的嫩葉未出水時採來醃製。

箈菹：醃青苔，或說是一種醃竹筍。

「蚳醢」是一種高級醬料，在周天子的食譜裡出現頻率相當高。這種食物的主要材料居然是螞蟻卵。還有「蝸醢」，所謂「蝸」，可能指田螺之類帶殼的軟體動物，也可能指某種大蝸牛。

果然天子的食物，不是我輩凡夫俗子能輕易消受的。

這些黑暗料理怎麼吃呢？《禮記．內則》介紹了幾種限量版天子套餐：

腶修，蚳醢。

搗碎添加薑桂的乾肉，拌螞蟻卵醬。

蝸醢而蓏食，雉羹。

螺醬（或者是搗爛的蝸牛），搭配雕胡米，以及野雞肉湯。

有肉、有飯、有湯，搭配合理，極具特色。

羹是古代最常見的食物之一，通常是肉類（僅限貴族）、蔬菜、穀物或者麵粉、澱粉混合熬煮成粥狀的東西。先秦之際，羹主要分成兩大類，「大羹」不放任何調味料，用來祭祀祖先，以示不忘本，最是嚴肅正式，所謂「大羹不和」，正是指此；「和羹」則講究五味調和，是給一般人吃的正常食品。

只有貴族才吃得到的六畜、六獸和六禽

「醢」和「菹」有延長食物貯存期的功效，不過，雖然先秦已經出現醃製食物，但更常使用的保質方式，還是曬乾成「脯」。通常肉脯會成批保存在庫房，供待客、日常膳食。

《左傳》僖公三十三年有一段記載寫道：

鄭穆公使視客館，則束載、厲兵、秣馬矣。使皇武子辭焉，曰：吾子淹久於敝邑，唯是脯資餼牽竭矣。

秦穆公遣杞子、逢孫和楊孫赴鄭國打探形勢，做出兵的準備。鄭穆公洞悉秦人之謀，派人謁賓館，見此三子行李裝車，厲兵秣馬，完全是戰備狀態。鄭國禮賓官奚落道：「三位大人在此耽留久矣，敝國的肉乾、糧米、牲口都被你們吃完了！」

醃製和風乾、曬乾廣泛應用於王室和民間，不過倘若打算原汁原味儲存食物，平民就束手無策了。周王室專設「凌人」部門，負責掌冰。曾侯乙墓發掘出青銅冰鑑，專事冰鎮，堪稱中國史上最早的冰箱。

先秦的肉類基本上屬於貴族專供，當時最常見的肉食動物包括「六畜」、「六獸」和「六禽」。六畜指牛、馬、羊、豬、犬、雞；六獸則是六種常見的野獸：麋、鹿、熊、麇（獐子）、野豬、兔子。

肉類的烹調法，有煮、蒸、烤、風乾、做醬以及生吃，我們繼續看幾種常見的套餐：

麥食，脯羹，雞羹。（麥飯、肉乾羹、雞肉羹。）

析稌，犬羹，兔羹。（舂細的稻米、狗肉羹、兔肉羹。）

脯羹，兔醢。（肉乾羹、兔子肉醬。）

麋膚，魚醢。（麋肉塊、魚醬。）

按照規矩，貴族不該吃動物內臟。（君子不食圂腴。）

只是在吃這件事上，後人並不太在意祖先陳陳相因的約束，到了唐宋，皇帝完全不忌牲畜下水，大吃特吃。

吃個飯也要如履薄冰，害怕橫遭非難，那做人當真得無趣至極。

不過孔子倒是認為，吃飯就該挑剔，所謂「食不厭精，膾不厭細」，他說：

食饐而餲，魚餒肉敗，不食。（食物不新鮮，不吃！）

色惡，不食。（顏色不好看，不吃！）

臭惡，不食。（味道不好，不吃！）

失飪不食。（廚師手藝不好，不吃！）

割不正，不食。（切不好，不吃！）

不得其醬，不食。（醬料配錯了，不吃！）

食無醬不食。（沒有佐醬？不吃！）

沽酒市脯，不食。（街上沽的酒、買的肉，不吃！）

然而……

有盛饌，必變色而作。（有好菜，必改顏而謝。）

在飯菜裡動手腳加害主廚

參照史例，所謂的貴族不吃內臟，其實確切來講應當是不吃動物的腸胃，肝臟似乎是可以吃的。《韓非子》有一則關於食用肝的故事：

> 昭僖侯之時，宰人上食而羹中有生肝焉。昭侯召宰人之次而誚之曰：「若何為置生肝寡人羹中？」宰人頓首服死罪曰：「竊欲去尚宰人也」。

韓昭侯吃飯的時候，在湯裡吃出了生肝。他直接傳喚主廚特助問責，特助心下惶惶，不打自招，承認是自己在羹湯裡加生肝，意欲嫁禍主廚，好由自己取代。

類似的事情也發生在晉文公重耳身上。重耳吃烤肉時發現有頭髮纏在肉上。今天咱們吃飯，見碗裡有異物，尚且要投訴，何況主掌生殺的一方諸侯？晉文公當即大怒，叫來主廚問：「你想噎死寡人？」主廚叩頭謝罪，說：「臣伏死罪。臣罪有三：臣的刀磨得如干將莫邪一般鋒利，削鐵尚且如泥，以此切肉，肉切碎了而頭髮沒斬斷，這是第一項大罪；臣親手拿木棍一根一根串肉塊，沒看見這麼長一根頭髮，這是第二項死罪；烤肉的爐子炭火熾紅，肉都烤熟了而頭髮沒點著，這是第三項罪。臣誠該死，只不過此事恐怕是出於臣左右嫉恨而想要置臣於死地的小人之陷害，請君上明察。」晉文公一想，確實是這個理，於是叫齊庖廚雜役一一詰問，果然如主廚所言，此事另有人作祟。晉文公於是處死居心叵測之人，而臨危不亂、邏輯清晰的主廚則順利洗脫冤屈。

鴻門宴裡大啖生豬肉

說到「宴無好宴」，自然不能不提鴻門宴。

在這場中國歷史最著名的宴會上，賓主雙方恐怕都有點食不知味；一個時時盤算著擇人而噬，吞掉對方，一個不停琢磨著應對之策，只想溜之大吉。

要說這次宴會吃得最飽的一位，定是劉邦帳下的虎將樊噲。樊噲護主心切，帶劍擁盾，突入項羽大帳，連萬夫莫敵之勇的項羽也給他嚇了一跳。項羽對這位猛士相當欣賞，請他吃豬腿——那是整整一條生豬腿！樊噲更不答話，拔劍削豬腿肉生吃。司馬遷寥寥數言，樊噲勇猛形象躍然紙上。

不過項羽給樊噲吃生肉，倒並非有意折辱，古人素有生食魚類、肉類的習慣，生魚片、肉片蘸佐料吃，叫作「膾」（鱠），類似於今日的刺身。隋煬帝吃過一次四腮鱸魚膾，肉白如雪，全無腥氣，佐以香柔花葉，吃得他心神俱醉，大讚「金齏玉鱠，東南佳味」。㉔

從蒸麥飯到肉夾饃到熱呼呼的湯麵

先秦食用小麥最常見的方法，是直接蒸成麥飯，類似於今日的米飯。到了兩漢，轉磨和篩粉工具的改進和普及，上流社會家庭開始吃麵食。隨著絲綢之路開通，帶有濃郁西域特色的「胡餅」，以及新式的麵點製作工藝一道傳入中國，顛覆了糧食加工理念，帶來味覺上的全新享受，迅速風靡，傾倒無數人，連皇帝也不能免。《續漢書》說：

> （東漢）靈帝好胡餅，京師皆食胡餅。

胡餅可謂最早的「西餐」。當時中原的麵食以蒸熟為主，胡餅的作法，則是用芝麻提香，烤製而成，類似於新疆地區的「饢」。在此基礎上，到了南北朝時期，掌握了麵粉發酵的技術後，中國人發明出「肉夾饃」來。

㉔（唐）顏師古，《大業拾遺記》。

今天，以這種食物作為城市標籤的西安，正是當時絲綢之路的東方起點，小小一張肉夾饃，見證著中西方飲食文化交流。時代更迭，它的味道始終不變。

最初，中國人幾乎將所有麵食一概統稱為餅，饅頭叫「蒸餅」，煮麵片叫「湯餅」，麵條叫「索餅」。那個時候談戀愛，小夥子若問女朋友想吃什麼，女朋友說吃餅，那麼小夥子一定要打起精神，設法弄清楚，這個餅究竟是指烤餅、饅頭還是麵條，否則極有可能買錯食物而吵架。

作為世界上最流行的主食之一，歐亞各自擁有代表性的麵條。西元二〇〇〇年，青海喇家遺址的發掘，將中國人開始吃麵條的時間提前到了四千年前。不過受限於麵粉研磨技術，直到漢末魏晉，關於麵條的記載才漸漸多起來。

「金鄉駙馬」何晏是曹操的女婿，此人天生一副小白臉，由於行為不端，素來不受曹氏子弟待見。魏明帝曹叡登基後，有一天被何晏的白臉晃得眼睛都快睜不開，懷疑他臉上抹粉，於是召他進宮，賜熱湯麵。時值溽暑，天氣悶熱，何晏吃得大汗淋漓，隨手舉朱紅衣袖拂汗，並沒有擦下粉來，依舊是那張小白臉，魏明帝這才去了疑心。

肉夾饃

材料：麵粉、羊肉、蔥白、豆豉。

作法：1、麵糰發酵，製成餅。

2、羊肉、蔥白、豆豉汁加鹽炒熟。

3、上述餡料夾在麵餅間，貼爐烤熟，內香外脆。

擄獲無數饕客的酸臭發酵魚——鮓

南北方主要糧食作物的差異，讓中國形成南米北麵的主食格局。北方人忙於研究麵食加工工藝的時候，南方出現了一種以米飯為主的新型複合食物——鮓。從字形架構可以看出，這種食物必定與魚類有關。

我們常會在一些壽司店裡看到這個漢字。事實上，最早的日本壽司正是從中國的「鮓」演化而來，其主要目的在於延長魚類的貯存期。直到今天，日本滋賀縣的「鮒壽司」（ふなずし）仍保持原始「鮓」的作法。

食物保存是困擾古人的重大難題，醃製和發酵是最常見的應對方法。中國人做鮓，有時會用上酒麴，強化發酵效果。與單純用鹽醃製的鹹魚不同，鮓（包括日本鮒壽司）的味道偏酸臭，但正是這種奇特的風味，俘獲無數古人的味蕾。

從中國的「鮓」演變而來的鮒壽司

作法：1、將鮒魚的內臟清理掉，內外抹鹽醃製。
2、兩三個月後，鮒魚已經脫水，取出洗淨，在魚腔內重新填入鹽和米飯，埋入盛有蒸熟米飯的容器裡發酵。

鮓

一種用鹽和紅麴醃的魚，是古人為防止鮮魚變質，加以處理的一種方法。

《齊民要術》記載：「鯉魚切片，撒鹽，壓去水，攤瓮中，加飯（已拌有茱萸、桔皮與酒）於其上，一層魚，一層飯，以箬封口。」

據說漢昭帝釣過一條長達三丈的「蛟」——大約是某種身形修長的魚類或者水蛇，大家都不知道該怎麼處置，有說這是神物應當放生的，有的說這是惡獸必須斬殺。結果漢昭帝大袖一擺，都別嚷嚷了！送御廚房，做成鮓！㉕

曾經有人調侃說，《山海經》裡形形色色的上古怪物，其實是被先民吃滅絕的，似乎不是沒有道理。

後來，鮓的主要食材已經不限於魚類，蔬菜、肉類甚至貝類都能做：茄子鮓、蘿蔔鮓、蟶子鮓，當然，名聲最響亮的還是「黃雀鮓」。

北宋大詩人、四大書法家之一的黃庭堅曾在親戚家吃過一口黃雀鮓，頓時驚為天人，提筆寫下〈謝張泰伯惠黃雀鮓〉。說如此美食，大內御膳也有所不及。而當時宰相蔡京被抄沒家產，執法人員發現三個堆滿罈罈罐罐的古怪倉庫，打開罈子一看，竟然全是黃雀鮓。嗜吃此物到這等地步，也足以說明黃雀鮓在當時受歡迎的程度。

今四川、貴州等地仍有吃鮓的習慣，「侗不離酸，瑤不離鮓」。少數民族的文化更替較緩，得以更有效完整保留傳統文化遺產。

隨著食物保鮮技術越來越發達，製作費時的鮓逐漸淡出世人餐桌，古老的日本鮒壽司，也漸漸被握壽司、花壽司、鐵火卷等新型壽司取代。但是鮓，以及另一種類似於鮓的食物「鮨」，仍然作為壽司的代稱，留在了食物文化的記憶裡。

連大臣都吃不起的究極皇家料理

糖漬是另一種常見的食物保存技術。南北朝時的齊明帝蕭鸞喜歡的食物相當特別——蜜漬逐夷。《南齊書》記載：

帝素能食，尤好逐夷，以銀缽盛蜜漬之，一食數缽。謂揚州刺史王景文曰：「此是奇味，卿頗足不？」景文曰：「臣夙好此物，貧素致之甚難。」帝甚悅。食逐夷積多，胸腹痞脹。

齊明帝每次都要吃上幾大碗，還拿來饞揚州刺史：「這麼好吃的東西，吃過沒？」那刺史相當乖覺，推脫說：「臣家裡窮，吃不起這東西。」皇帝聽了龍心大悅，一方面臣子清廉，另一方面則讓他覺得格外有優越感。然而貪吃的下場是吃壞肚子，險些送命。

逐夷是什麼？

《齊民要術》認為逐夷就是魚腸。據說漢武帝追殺夷人，追到海濱，有濃香破鼻，遍尋不獲，捉住一個漁人訊問，漁人供說香氣來自土坑裡釀的魚腸，武帝扒出來一嘗，果然美味，遂名「逐夷」。

㉕《淵鑑類函》引《漢書》。

但連揚州刺史都吃不起，恐怕不是普通魚腸。清代有人考證，說齊明帝吃的這道逐夷，其實是河豚白，也就是河豚精囊，難怪揚州刺史「致之甚難」，果真是罕見的食材。

臣工的伙食和皇帝的御膳有差距，並不奇怪。

唐德宗時，在翰林院當學士的趙宗儒，有一次聽到幾個宮中內侍談起皇上早晨享用的主食叫「玉尖麵」，以「消熊」、「棧鹿」為餡，皇上吃得很開心。趙宗儒是個好奇寶寶，上前向內侍打聽什麼叫玉尖麵。那內侍解釋了半天，趙宗儒才知道原來就是民間的尖饅頭，頗不以為然：怎麼皇上吃個饅頭還吃嗨了？接著又問消熊和棧鹿是什麼名堂，內侍說，極肥的熊叫「消熊」，精細秣料加一倍量餵養的鹿叫「棧鹿」。

趙宗儒登時啞口無言。饅頭不稀奇，但這餡料……咱們可著實吃不起啊，剛有點「皇上御膳也不過如此」的輕蔑感，瞬間灰飛煙滅。

一張南宋某位皇帝賜太子飲食清單的流出，讓我們得以一窺皇室日常膳食。這份「玉食批」羅列的食物包括：

酒醋三腰子：酒醋燉三種動物的腰子。

三鮮筍。

炒鵪鶉。

烙潤鳩子：即烤斑鳩，其中「潤」字指出火候標準，要烤到油潤明亮、外焦裡嫩。

煎石首魚：以土布魚為主材製作的辣味魚羹。

油煎三色鮓：我們不清楚皇太子享用的是哪三種鮓，不過想像一下包裹著魚塊的壽司扔進油裡煎酥，似乎不失為一種美味。

糊炒田雞：青蛙肉裹上一層澱粉煎炒；

糊燠鯰魚：裹粉烹製的鯰魚。

烤鹿腿。

酒炊淮白魚：淮河白魚號稱「天下眾鱗誰出右」，也叫「浪裡白條」，南宋偏居江南，膳食自然少不了水產。

江瑤：也就是今天的「干貝」。

以及**豆腐百宜羹**。㉖

可見皇太子普普通通的日常一餐，已經囊括了山珍海味，不過仍不足以與規模

㉖（清）陳夢雷，《古今圖書集成》。

宏大的宮廷御宴相提並論。接下來的章節，我們將嘗試還原史上最著名的帝王盛宴，揭祕中國古代最頂級的菜單。

滿漢全席——跨越族群的世紀味蕾

說到「中國飲食文化博大精深、源遠流長」的話題，「滿漢全席」可能會是許多人的第一反應。

關於滿漢全席，常常存在一種誤解，認為它像燒尾宴和清河郡王府御宴一樣，是歷史上的某次盛宴，或者是清朝宮廷最頂級的膳食標準。

事實上，滿漢全席既不是某一次具體的筵席，清宮也並不存在以滿漢全席命名的御膳。滿漢全席的前身「滿漢席」，只是清朝中後期，上流社會、尤其官場對於滿菜加漢菜飯局的統稱而已。就像朋友對你說「請你吃川菜大餐」一樣，「大餐」二字包羅甚廣，沒有具體所指，可能你滿心期待著火鍋、水煮魚、燈影牛肉，但當你興匆匆到了那裡，赫然發現只有一碗老乾媽拌飯。

事實上，「滿漢全席」這個概念，是餐飲界為招徠生意創造出來的。直到清末光緒年間，才出現於酒樓飯莊，經民國時期的大力吹捧炒作，得以名聲大噪。也就是說，「滿漢全席」是商品化經濟的產品。

但另一方面，這種滿菜、漢菜間雜的形式，也並非出於臆造。從清初宮廷滿席、漢席分列，到清中期滿漢相融並日益豐盛，再到清末滿漢全席的衍生，嬗變發展，這個過程貫穿了整個清代。

六等滿席對上三等漢席

清朝初年，專門負責承辦朝廷宴事的中央機構光祿寺按照皇上（其實是攝政王多爾袞）的要求，分別推出了「六等滿席」和「三等漢席」，即滿漢分宴的制度。滿席以滿族傳統食品——「餑餑」為主，主要用於祭祀、重大節日宴會、皇帝大婚、軍隊凱旋、賜予前來朝貢的使臣；漢席主要用於賞賜科舉考試脫穎而出的進士們和各位考官，其中狀元郎單獨一席，由當朝高官作陪，榜眼和探花一席，其他進士四人一席，皇上親自舉酒（賜酒）。康熙朝一位狀元在筆記中提到，他面前那桌菜品達四十多種，足見其豐盛。㉗

但清朝初期的皇室，平日是不吃這些東西的，皇室膳食，另有御膳房操辦。所以我們看清宮劇，尤其以康熙、雍正時期為背景的清宮劇，皇帝們並不會動輒叫個滿漢全席來吃，符合歷史事實。清初的滿席、漢席，是對應國家禮制的產物，滿漢涇渭分明，絕少出現混雜。轉折出現在乾隆朝。乾隆帝的奢侈鋪張，大異於康熙、雍正二帝。他除了是著名的寫詩狂魔（然而沒有一首得以廣泛流傳），也是超級饕客，在乾隆二十二年南巡之後，對江南風味念念不忘，募集了大批南方名廚入宮任職。從這時候起，乾隆就每天在吃滿漢席了。

乾隆南巡造就了滿漢菜通吃的大流行

乾隆酷愛出巡，滿漢一體的吃飯方式被他帶往各地，逐漸在地方官場及上流社會產生影響。以至於當時官場請客，流行滿族人做漢菜，漢人卻偏偏要做滿菜，間或滿漢相雜。清代首席美食家、《隨園食單》作者袁枚對此大加譏彈。在他看來，這根本就是暴殄食材的排場酬酢之舉，本地菜都未必燒得好，何況去嘗試異族料理，最後畫虎不成反類犬，客人吃得大皺眉頭，主人炫技失敗，也未必賺到什麼面子。

但是滿菜漢菜相融的吃法，畢竟已經形成，並且流行開來。乾隆三十年，乾隆帝第四次南巡，駕臨揚州，隨從官員及當地官員共超過兩千五百人，聯合置辦了一場盛大筵席，滿菜漢菜融雜。揚州名士李斗的《揚州畫舫錄》收錄了這次筵席的菜單。不過乾隆帝本人並沒有出席這場盛會，而是獨自待在行宮裡吃小灶。

先來看看乾隆帝逗留揚州期間的伙食是怎樣的。

㉗（明清）繆彤，《臚傳紀事》。

午膳

二月十七日

鴨子火熏汆豆腐熱鍋
燕窩火熏肥雞絲
燕窩汆豆腐
水晶肘子
酥雞
糟鴨子
羊烏切燒羊肝拼盤
銀葵花盒小菜
銀碟小菜（四道）
竹節捲小饅頭
雞蛋糕
捲澄沙包子

晚膳

二月十七日

鴨羹
燕筍燉棋盤肉
蒲菜炒肉絲
春筍爆炒雞
蘇造雞肘子肉拼盤
雞肉丸子
蘇式鴨腰子片
燕窩膾肥鴨子
燕窩湯
蓮子櫻桃肉
銀葵花盒小菜
銀碟小菜（四道）
白麵絲糕
糜子米麵糕
象眼棋餅小饅頭
鴨子火熏煎黏團㉘

乾隆帝每餐只用八、九道菜，然而他手下大臣們的超級Party，出現的菜品達一百多道。

好大的膽子！朕才吃八道菜，你們敢僭越？

事實上，當時參加聚會者雖多，但需嚴格按照官階、滿漢等標準列席，每席的菜式規格也有所區別，即使以每席十人、二十道菜計，人均不過兩道菜而已，可知臣子膳食規格並不算逾矩，何況臣工們吃的是大鍋飯，滋味一定不及乾隆爺隨身攜帶的大內御廚手藝。

燕窩、魚翅、鮑魚、海參，這規格可一點也不比皇上御膳差。

乾隆也是燕窩達人，我們從前面列舉的乾隆午膳、晚膳，可見每餐必有燕窩，而翻看其他關於乾隆的膳檔，情況也大抵如此。後人判定「滿漢全席」的硬性標準之一，就是看席間是否具備燕窩、魚翅，兩種食材的地位進一步水漲船高，直到今天，仍被視作「名貴食材」。

四輪過後，接下來上「洋碟」——也就是西餐二十味、勸酒菜二十味、小菜二十味，此外還有十桌乾果、十桌鮮果任你吃。

㉘ 乾隆三十年江南節次膳底檔。

燕窩「萬壽無疆」

乾隆、慈禧對燕窩的偏愛，為整個社會飲食界效仿，民間興起以燕窩為貴的風尚。

滿漢席餚饌

第一輪

燕窩雞絲湯
海參燴豬蹄筋
鮮蟶蘿蔔絲羹
海帶豬肚絲羹
鮑魚燴珍珠菜
淡菜蝦子湯
魚翅螃蟹羹
蘑菇煨雞
魚肚煨火腿
鯊魚皮雞汁羹

滿漢席餚饌

第二輪

鯽魚舌燴熊掌
米糟猩唇豬腦
假豹胎
蒸駝峰
梨片伴蒸果子狸
蒸鹿尾
野雞片湯
風豬片子
風羊片子
兔肉脯
奶房簽

滿漢席餚饌

第三輪

豬肚假江珧鴨舌羹
雞筍粥
豬腦羹
芙蓉蛋
鵝肫掌羹
糟蒸鰣魚
假班魚肝
西施乳
文思豆腐羹
甲魚肉片子湯
繭兒羹

滿漢席餚饌

第四輪

烤哈爾巴肘子
油炸豬羊肉
掛爐走油雞鵝鴨
烤鴿子
豬羊雜什
燎毛豬羊肉
白煮豬羊肉
白蒸小豬子小羊子雞鴨鵝
白麵餑餑捲子
十錦火燒

為準備這場千人宴，官府徵用了一整條街的寺廟、道觀，全部改裝成廚房，可謂勞師動眾至極。

此次滿漢席，是乾隆歷次南巡奢侈宴膳的縮影。有了天子首肯甚至提倡，地方官場望風希旨，張置滿漢席之風開始蔓延，並逐漸向競奢求媚的腐敗方向發展。乾隆鍾愛的一些食材、食物，諸如燕窩、掛爐烤鴨、蘇造肉、涮羊肉等，風靡京華，其影響一直持續至今。即使後來，號稱史上最節儉天子的道光皇帝，用近乎「摳」的方式，希望以身作則，戒奢省費，矯正民間浮侈之風，畢竟已經積重難返，難以挽回了。

省吃儉用、喜歡叫外賣的道光皇帝

說到清宣宗道光皇帝，跟不花錢不舒服的乾隆、「萬般皆下品，唯有吃飯高」的李顯比起來，完全是另一個極端。

中國歷史上林林總總的帝王們，大多可以貼上鮮明的標籤，霸君如秦皇漢武，明君如唐宗清祖，鐵畫銀鉤宋徽宗，木工匠人明熹宗，而道光的標籤，就是——節儉。

道光的節儉，尤其體現在膳食方面。他身為皇子時，曾連續很長一段時間差人出宮買燒餅，一次買五個，他吃兩個，福晉（後來的皇后）吃兩個，大阿哥吃一個。

為什麼要出宮買？因為宮外的燒餅便宜。

後來登基為帝，身處王朝權力之巔，日常用餐，也只有四菜一湯而已。有一次聽說宮外的「豆腐燒豬肝」好吃又便宜，便連叫了十天外賣，每餐只吃豆腐豬肝。貼身太監瞧著都該心疼了。一國之君吃飯，面前只有孤零零一碗豆腐，恐怕宮裡太監們的伙食也未必這般寒酸。

皇后壽宴，道光帝特許御膳房好好準備，所有人都很高興。皇帝平時吃得寒磣，皇室眾人，從皇后、妃嬪到皇子們，在皇上眼皮底下，誰敢胡吃海喝？一個個清茶淡飯度日，苦不堪言，看來這次終於能沾皇后的光，大吃一頓了。等到開席，只見每人面前上一碗大滷麵，零零星星撒著幾粒肉末。

皇上金口一開：「好了，菜齊了，大家吃吧。」

普天之下，恐怕只有皇帝敢這樣怠慢妻子的生日。這種事情若放在今天，夫妻倆豈不是要吵翻天？情侶豈不是要分手？

夏季，宮裡照例要採購西瓜解暑。道光一聽，買西瓜？買什麼西瓜，買西瓜多花錢？不許買！解暑，喝水就行了！（原來「多喝水」的哏，是道光皇帝傳下來的。）

道光一朝，政治上精彩之處確實不多，甚至在他統治期間，簽訂了中國近代史上第一個不平等條約《南京條約》。

但是清廷疲弱，並非始於道光，文明落後，癥結更是由來已久，鴉片戰爭這口鍋，由道光一力承擔，顯然有失公允。我們不可能指望憑某位帝王的一己之力，顛覆一個腐朽落後的體制，把積貧積弱的國家一舉帶到世界前列。而在個人作風及態度方面，道光幾十年如一日的儉樸勤政，卻是值得稱道的。

前有乾隆，後有慈禧，相較兩者，道光帝的節儉顯得格外難能可貴。身為帝王，他完全可以選擇做一個昏君暴君，搜刮民脂民膏供他淫逸享樂，但他不惜放棄口腹之欲，犧牲生活品質，伙食之粗樸，尚不及小康家庭。倘若有機會比較清朝十二帝王畫像，你會發現，道光正是他們當中最清瘦的一位。

道光缺乏治國理政的才華，於是他用最原始的辦法——省吃儉用，克盡「為國為民」的職責。這樣的堅持，持續了一生。

「四八珍」與「雙烤」必備的極奢料理

可惜，道光的努力終究是徒然的。官場已然徹底糜爛，積習無法根除，迎來送往，賄賂公行，動輒珍饈山積，滿漢俱備。

陝西督糧道張集馨，日常事務之一，正是招待各地過往本境的上官、同僚。他在記錄日常所見官場種種關節、潛規則時說：

> 每有官員過境，皆戲兩班，上席五桌，中席十四桌。上席必燕窩燒烤，中席亦魚翅海參。西安活魚難得，每大魚一尾，值制錢四五千文，上席五桌斷不能少。其他如白鱔、鹿尾，皆貴重難得之物[29]。

燕窩代表漢菜，燒烤代表滿菜，出現在該紀錄裡的，正是典型的滿漢同席。可憐道光帝兀自在深宮中錙銖必較，卻不知山高皇帝遠，視野之外，官場腐敗到了令人髮指的地步。

民間同樣受到感染，有條件的人家，也爭相以滿漢席為尚。比如道光十八年，四川成都一戶富室的筵席，有燕窩、魚翅、刺參雜燴、魚肚、火腿白菜、鴨子、紅燒蹄子、整魚、魚翠、冬筍、蝦仁、鴨舌掌、玉肉、魚皮、百合、烏魚蛋、燒小豬[30]。這席餚饌尚不足以和民國時期的滿漢全席相比，但燕窩、海參、燒烤大件俱備，已是全席雛形。

以上所述，仍然止於滿菜、漢菜相混的「滿漢席」，而並非「滿漢全席」。清朝末年，一部描寫十里洋場風月故事的小說《海上花列傳》首次提到「滿漢全席」。

到了民國，滿漢全席的概念逐漸被炒熱，各地餐飲界根據當地食客口味需求，創作出不同的滿漢全席，京式、晉式、鄂式、川式、粵式，菜式各不相同。比如京式多用魯菜，「轉大腸」、「青魚肉翅」；川式則以川菜為主，如「纏絲兔拼乾辣熏魚」、「豆瓣鯽魚」。

成席的標準也不一而足，有些地區的滿漢全席講究一定要有「四八珍」，即山八珍、海八珍、禽八珍、草八珍。或者一定要有「雙烤」，即掛爐烤豬、掛爐烤鴨。實際上，所謂的標準，只是吸收了清朝滿族、漢族最高規格的菜式，以全「滿漢」之名。至於「康熙皇帝壽宴」首創、連吃兩天兩夜、四天四夜云云，只是利益相關者誇張杜撰的無稽之言。

偽滿政權建立後，吸收了一部分舊日清宮的御廚，在當時特殊環境、特殊氛圍下，偽滿宮廷出現了以清宮御宴為基礎、借鑑民間滿漢全席的「滿漢酒席」[31]。抗日戰爭爆發後，滿漢全席便在中國漸漸消失了。

[29]（清）張集馨，《道咸宦海見聞錄》。

[30] 李劼人，《舊帳．風土什志》。

[31]《北京民族飯店食譜．山東菜》，一九八二年。

燒尾宴——唐朝宮廷的政治菜單

唐中宗李顯可能是史上最嘴饞的皇帝，這與他早年的人生經歷有關。

身為中國歷史上最強女總裁武則天的兒子、法定皇位繼承人，李顯前半生一直活得戰戰兢兢。這份恐懼，主要拜其母后所賜。他忘不了在他九歲那年，長兄皇太子不明不白的猝死事件，更忘不了接下來已經被貶為庶民的二哥慘遭母后逼殺。

而他本人，則在登基為帝僅五十五天後，迅速被廢，逐出長安，軟禁長達十四年。這十四年間，李顯整日提心吊膽，生怕有一天會步上兩位兄長的後塵，活得毫無希望。史書上說「每聞敕使至，輒惶恐欲自殺」。他的精神幾乎到了崩潰的地步，甚至多次試圖自殺。如此朝不保夕的生活，哪有心思講究吃飯？苟且偷生而已。

西元七〇五年，神龍政變，武則天倒臺，李顯復位。重見天日的唐中宗長舒一口惡（餓）氣：終－於－可－以－好－好－吃－飯－了！

不過此時的李顯已經年屆五十，考慮到當時的人均壽命，就算他想放開吃，恐怕也吃不了幾年。好在他牙口還不錯，為了盡可能地多吃點花樣，他琢磨出個辦法：

叫大臣們請朕吃飯。

哈？你真好意思啊皇上！

李顯堂而皇之地擬定了一條新規矩——凡朝臣升遷，要向天子獻食，也就是帶吃的給皇上。這飯局有個名字，叫作燒尾宴，典出「魚躍龍門」：傳說魚躍過龍門時，會有天火燒掉魚尾，魚便化成龍身飛去。這寓意是極好的，直上青雲，謝主隆恩，就是有點不要臉。李顯此舉深合「別人家的東西最好」之道，只是他貴為九五之尊，不好意思直說「愛卿，今晚請朕吃好料嘛」。現在燒尾宴一出，升官的固然高興，皇上也得以大快朵頤，皆大歡喜。

皇帝饞成這個熊樣，也是朵奇葩。

到升官大臣家打牙祭

李顯只思口腹之欲，並沒想到此舉卻助長了鋪張浪費之風。直到景龍三年（西元七〇九年），蘇瓌拜尚書右僕射、同中書門下三品（宰相），封許國公，照例是要獻食的。這次，李顯一次提拔了一群人，但由於升官的人數太多，不能挨家挨戶去吃——那這樣好了，大夥兒各自帶些好吃的，咱們挑個日子，開個君臣狂歡嘉年華，熱鬧熱鬧！多麼值得感激涕零的一人一菜模式啊，難得皇上替臣子著想！吾皇聖明！

到了設宴那天，所有得到晉升的大臣們都各自帶著精心準備的料理入宮，唯獨蘇瓌兩手空空。同僚一片譁然，你這是打算白吃白喝嗎？將作大匠宗晉卿奚落道：「封了宰相居然不燒尾，你真好笑啊蘇大人。（拜僕射竟不燒尾，豈不喜耶！）」皇上一臉黑線，心裡怨極了蘇瓌，只恨沒法說出口。全場一片尷尬之際，蘇瓌昂然而出，說出一番話來：

> 宰相燮和陰陽，代天治物。今粒食踴貴，百姓不足，衛兵至三日不食，臣誠不稱職，不敢燒尾。

好一個「不稱職」！

啪、啪、啪，字字扇在李顯以及曲媚逢迎的一眾大臣臉上。

當時的情況是，關中地區連年歉收，長安積糧有限，加上漕運不利，致使斗米百錢。有臣屬意暫趨洛陽——唐初多有皇帝因長安糧少而赴東都就食的先例，但李顯不同意，冷笑道：「豈有逐糧天子？」大概因為早年被貶在外，心裡有陰影，李顯說什麼都不肯再離開長安。可是京城缺糧缺到「衛兵三日不食」的地步，軍餉尚且如此，何況民間？

蘇瓌這番毫不留情的痛斥，大大掃了李顯的興致，從此燒尾漸絕。

連皇帝也嘆為觀止的豪華菜單

其實蘇瑰拜相半年前，燒尾之風猶盛。韋巨源拜尚書令左僕射時，為表示對皇上的感恩，殫精竭慮地在自己家裡準備一席盛筵，邀請李顯下榻，李顯當然毫不客氣，擺駕韋府。為了紀念這一「光耀門楣」的時刻，韋巨源特地整理了一份〈燒尾食單〉，讓我們得以有機會窺見千年前的帝王御宴。

我們根據北宋人陶穀在《清異錄》中的批註，嘗試還原宴會上的各式料理：

巨勝奴（酥蜜寒具）：用蜂蜜、酥油和麵，加黑芝麻的油炸點心。寒具指蜜製饊子或芝麻酥蜜麻花，據說出色的寒具十分鬆脆爽口，大嚼聲響能「驚動十里人」。前面說什麼來著，李顯果然保有一副好牙。

巨勝奴

材料：麵糰、蜂蜜、酥油、芝麻。

作法：以老麵發好麵糰，備下最純最好的蜂蜜、濃稠的糖漿、新鮮的酥油、芝麻。麵點師傅會算好皇上駕到開飯的時間開始製作，保證將最新鮮出爐的巨勝奴趁熱送到御前。

婆羅門清高麵（籠蒸）：具印度特色的麵食。唐代與天竺文化交流頻繁，除了唐僧取回的大乘佛經外，許多印度食品及其加工工藝也傳入中國。

貴妃紅（加味紅酥）：多種口味的紅色酥性點心。唐朝果然是最浪漫的朝代，連給食物取個名字也能這樣詩情畫意；不像宋代以後，清一色的○○餅子、○○丸子。當然，食物名稱通俗化，也反映出宋代之後的商品經濟較唐代有進一步的發展。

漢宮棋（二錢能印花煮）：錢幣大小、棋子狀的印花煮成的麵點。似乎有點像現在的寶寶副食麵片。

長生粥（進料）：稀有的進貢食材，熬製成符合中國人飲食習慣的粥。

甜雪（蜜爁太例麵）：加入蜂蜜烙炙成鬆脆的甜餅，口感如雪，入口即化。

單籠金乳酥（餅，但用獨隔通籠，欲氣隔）：純乳蒸就，每塊占一個籠屜，色作金黃。元代飲膳太醫忽思慧的《飲膳正要》中也有介紹乳餅：牛乳煮沸，點醋，像做豆腐一樣，使牛乳漸漸凝固，瀝乾水分，以帛裹，壓實。今雲南的乳餅，仍然保持當時的金黃色。

曼陀樣夾餅（公廳爐）：曼陀羅花形狀的夾心烤餅。

通花軟牛腸（胎用羊羔髓）：羊羔大骨的鮮嫩骨髓，拌入其他佐料、輔料，塞進牛腸烹熟，食之筋道而滿口濃香。

光明蝦炙（生蝦可用）：烤大蝦，要求品相明亮剔透。

白龍臛（治鱖肉）：鱖魚肉羹。

羊皮花絲（長及尺）：以極細的刀工將羊肚（百葉）切成尺長細絲。

雪嬰兒（治蛙荚豆貼）：青蛙去皮剔骨，黏裹精研細磨的豆粉煎到雪白粉嫩，如同嬰兒。

仙人臠（乳瀹雞）：鮮奶燉雞。

小天酥（雞鹿糝拌分裝）：雞肉鹿肉末粥。

箸頭春（炙活鶉子）：筷子頭大小的煎或烤鵪鶉肉丁。

過門香（薄治群物入沸油烹）：「薄」字取少、「群」字取多，各種精選食材，每種取少許，入沸油煎炸，其香氣之郁，破門而出。

七返膏（七捲作圓花，恐是糕子）：圓形花式糕點，製作時七次折捲，有些類似千層糕。

金鈴炙（酥攪印脂取真）：雞蛋和以酥油炸成金鈴形狀的點心。

御皇王母飯（偏縷印脂蓋飯麵，裝雜味）：偏縷是肉絲，印脂是雞蛋，類似今天的煲仔飯。

生進二十四氣餛飩（花形餡料各異，共二十四種生進）：取二十四節氣，花形、餡料各異的二十四種餛飩。二十四色、二十四味，光只這一道菜就要庖廚費盡心思。

鴨花湯餅（廚典入內下湯）：麵糰揉搓到拇指粗細，二寸一斷，以飛快的手法做成薄片下鍋。由於這道料理的製法俐落，別具觀賞性，因此特意讓庖廚登堂表演，現做現嘗。

同心生結脯（先結後風乾）：又是考校刀工的花式菜餚。生肉片成長索，打同心結，風乾成肉脯。

見風消（油浴餅）：見風消是一種可以入藥的植物，這裡取的是見風消的形還是形容餅酥脆到風一吹就化掉，實在難說得很。《遵生八鑑》介紹了一種「風消餅」，取「入口即化」之意，原材料是糯米粉、蜂蜜、酒醅和白糖。

金銀夾花（平截剔蟹細碎捲）：蟹黃蟹肉捲。

火焰盞口（上言花，下言體）：這種食物在今天仍然相當常見，我們習慣上稱之為芝麻球。

冷蟾兒羹（冷蛤蜊）：蛤蜊羹。唐文宗吃蛤蜊時，碰到一隻緊緊閉合、死活打不開的。平時皇帝們吃蛤蜊，御廚一定精挑細選，哪敢把打不開的盛上。於是唐文宗極為震驚，堂堂九五之尊，居然拿一隻死了的貝類沒辦法，覺得必定是天兆，於是焚香祝禱。蛤蜊乃開，蚌肉赫然似觀音貌，文宗遂以鑲金檀香盒盛著，恭謹地送往興善寺供奉，並令天下寺廟修築觀音大士像。㉜

唐安餤（關花）：唐安縣的特產小吃。

水晶龍鳳糕（棗米蒸破見花，乃進）：糯米粉棗糕。用當年新產的糯米，經過浸泡、研磨、搡搗，讓分子重新組合，以提升口感。這道水晶龍鳳糕，要上屜蒸到糕體破裂成花才夠火候。

雙拌方破餅（餅料花角）：兩種原料摻混製成的花形餅食。

玉露團（雕酥）：奶酥雕花的點心。

天花饆饠（九煉香）：野生天花蕈（一種菇類）向來被奉為珍饈，味道原已奇鮮，加上九製九煉，恍若不似人間煙火。饆饠是唐代流行的食品，類似披薩。甘露之變中，負責誘捕仇士良的左金吾大將韓約，就做得一手清新甜美的櫻桃饆饠，能保櫻桃色澤如新。只是這廝下得廚房，卻上不得戰場，面對仇士良的威勢，他在仲冬時節嚇得臉色蒼白、滿頭大汗，被仇士良識破伏兵，唐文宗中興除閹之策夭折，韓約也被宦官斬首。仇士良府上也有一道美味，喚作赤明香，不知是果脯還是肉脯，言「輕薄、甘香、殷紅、浮脆，後世莫及」。

八方寒食（用木範）：用模子印製的多邊形糕點。素蒸音聲部（麵蒸像蓬萊仙人，凡七十字）：音聲部就是樂師，素蒸，用果蔬雕成樂師模樣，上鍋蒸熟——能吃的模型。

賜緋含香（粽子蜜淋）：包裹特殊香料餡的紅色粽子，吃時以蜂蜜澆淋。後蜀孟昶宮裡有一味賜緋羊，又叫酒骨糟：加紅麴煮熟的羊肉緊緊捲起，用重物鎮壓，放入酒裡醃到羊骨頭都滲飽了濃濃酒香，再切成如紙般的薄片。中國人用酒糟加工食物，最早可追溯到先秦，在酒糟的作用下，腥氣轉換成醉人的異香，所有食材都酩酊了。水產、禽類、畜類，無不可為，「入口之物，皆可糟之」，從醉蟹醉蝦，到糟雞糟肉。今天的糟味仍然保持著迷人風韻，在傳承中進化。

金栗（平槌魚子）：魚子打成泥，做成栗子大小，烹調後成品色澤金黃，估計又是烤或者煎出來的，魚子入油煎熟時的那股濃香……真讓人把持不住。

鳳凰胎（雜治魚白）：魚白是魚的精巢，既然叫「雜治」，這道菜就不只魚白。如今客家菜有一味「鳳凰投胎」，是雞包進豬肚，塞入各種調味料煲兩小時，撈出斬塊再煮片刻。

逡巡醬魚（羊體）：塗抹醬料後的魚放進烤羊裡。還有一種斷句，逡巡醬（魚羊體），那就是魚肉羊肉打成泥調和成的一道肉醬。

乳釀魚（完進）：乳酪塞進整條魚裡面。「釀」是將材料塞進主料的烹法，比如釀豆腐、釀茄子。

丁子香淋膾（臘別）：臘別，一說「醋別」。臘講成醃肉，醋解釋成蘸醋吃。

㉜（南宋）吳曾，《能改齋漫錄》。

魚乾或肉脯淋丁香油，蘸醋吃也挺好吃的。

蔥醋雞（入籠）：《朝野僉載》有武則天面首張易之用鐵籠烤活鴨活鵝吃的記載，如今多見於各類古代飲食獵奇篇中：易之為大鐵籠，置鵝鴨於其內，當中取起炭火，銅盆貯五味汁，鵝鴨繞火走，渴即飲汁，火炙痛即回，表裡皆熟，毛落盡，肉赤烘烘乃死。李顯好不好這口不清楚，但「入籠」二字的註解，卻讓人想起李顯後爹的殘忍創意。

吳興連帶鮓（不發缸）：吳興，今浙江湖州，當地做得鮓名噪數百年，王羲之就有《吳興鮓帖》傳世，紹承至唐，依舊作為貢品進獻。鮓在日本演化為壽司，今天仍然能看出二者的關聯：中國的鮓原指鹽或麴醃製的魚類肉類，拌米粉、麵粉，切碎而食——「以鹽米釀之加葅，熟而食之也。」受民族飲食習慣差異的影響，壽司以米粒取代了鮓的米粉。中國古代做鮓，強調的是醃漬和發酵，賣相沒有今天的壽司漂亮。醃漬和發酵延長了食物的貯存期，同時賦予食物特殊的風味。今四川、貴州仍有吃鮓的習慣，所謂「侗不離酸，瑤不離鮓」。瑤族的鮓種類齊備，肉、蛙、魚、鳥皆能做鮓，方法是：炒熟的糯稻米研磨成粉，將肉、魚等與米粉混合，加入鹽、米酒保鮮提味，裝罈密封，罈口朝下，醞釀一年後，美味端上餐桌。方法頗類古人，即使當年漢唐的作法有異，大體也不會出入太大。此處「不發缸」，當是不開啟封缸，上菜時直接連缸呈上。

西江料（蒸彘肩屑）：西江是中國第三大水系珠江的幹流。西江一帶的豬蹄膀剁成泥狀，製成蒸肉丸。

分裝蒸臘熊（存白）：所謂熊白，就是熊在冬眠時囤積在背部的一層厚脂，為長期貯存，將熊白醃製燻烤，取食時蒸熟。

紅羊枝杖（蹄上載一羊，得四事）：烤全羊。

升平炙（治羊鹿舌拌三百數）：烤羊舌和烤鹿舌三百條。農耕時代，耕牛不得隨意宰殺，有些朝代甚至將殺牛視作違法，所以鹿肉就成為肉類來源之一。

八仙盤（剔鵝作八副）：全鵝剔骨後分裝八份的拼盤。卯羹（純兔）：卯即是兔，兔肉湯。

清涼臛（碎封狸肉夾脂）：果子狸肉製成的肉羹，放冷凝成肉凍。

暖寒花釀驢（蒸耿爛）：紹興花雕酒蒸驢肉，要求時辰長，將肉蒸爛。韋巨源遷左僕射是當年春季，李顯下榻韋府時正值乍暖還寒時節，這道菜具有驅寒暖身的功效。

水煉犢（炙盡火力）：清燉小牛犢，講究火候使足。

五生盤（羊、豕、牛、熊、鹿並細治）：取羊、豬、牛、熊、鹿生肉切片的花色拼盤。

格食（羊肉腸臟纏豆莢）：全羊切碎，裹上一層豆粉後煎烤。

纏花雲夢肉（捲鎮）：捲鎮，是一門傳承千年的肉類製作技法。香濡筋道的肉皮，包捲著各色葷素食材。經重物壓製成型後，切薄片上桌，以雲夢形容肉的紋理盤曲狀。肘花是今天最常見的捲鎮菜代表，前文後蜀宮廷祕製的賜緋羊也屬於捲鎮菜。

紅羅飣（膋血）：脂塊和血塊的拼盤。

遍地錦裝（鱉，羊脂鴨卵副脂）：羊油、鴨蛋黃燒甲魚。

湯浴繡丸（肉糜治隱卵花）：肉糜打入雞蛋，做成丸子，澆汁。

以上凡五十六例菜式，可能只是韋府燒尾宴的一部分，但已足以見識到李顯生活上的鋪張奢侈。

中宗一朝，官員冗濫。安樂公主墨敕斜封，公然賣官鬻爵。李顯隨意擢拔官員，以至出現宰相、御史、員外官人數太多，辦公室不夠分配的局面，稱「三無坐處」。

這樣不節制的加官進爵，自然日日燒尾，遂了李顯的口腹之慾。

沉迷享樂，換來的是日漸糜爛的朝政和一片烏煙瘴氣的朝堂。這位糊塗天子甚至沒有留意到，連身邊最親近的人都已經被權慾吞噬，墮落成惡魔。在他第二次登上帝位僅僅五年後，就慘遭急於篡權的皇后韋氏、女兒安樂公主的聯手毒殺。

《新唐書》評論李顯時，用到「下愚不移」四字，也就是「蠢到無可救藥」，是哀其不幸，怒其不爭。

而《舊唐書》的批語，似乎於今人更有取鑑價值：

志昏近習，心無遠圖，不知創業之難，唯取當年之樂。

作為饕客，請永遠不要忘記稼穡艱難。

因為，憂勞可以興國，逸豫必將亡身！

纏花雲夢肉

出自唐代最負盛名的食單之一《燒尾食單》，
是第五十四道「奇異」餚饌。

郡王府宴——南宋雅士的極致講究

西元一一二七年春，金國軍隊攻陷宋都城開封，俘虜宋徽宗、宋欽宗，北宋滅亡。

這一年，倖存下來的徽宗第九子趙構即位，是為南宋開國皇帝，宋高宗。宋高宗執政初期，迫於金國軍隊的緊逼，曾啟用李綱、岳飛、韓世忠等主戰派臣將，積極抗金。但高宗之志，僅限於「保國土」，而非「復失地」。保住紙醉金迷的生活，才是抗金工作重點。

紹興二十一年（西元一一五一年），宋金兩國停戰已有十個年頭。

這年十月的某天，與岳飛、韓世忠、劉光世一道號稱「南宋中興四將」的清河郡王張俊府上一片忙碌，從張俊本人到庖廚、雜役，人人打起十二分精神，不敢有一絲大意，因為王府來了位誰都惹不起的主兒——當今天子，宋高宗。

宋高宗吃飯來了。

自從宋金達成協議，約定互不侵犯後，宋高宗終於可以放鬆緊繃的神經，吃好飯，睡好覺，盡情享受奢靡生活。這其中，張俊著實有幾分功勞。

曾經的張俊，烈馬強弓，呼嘯沙場，往來無敵，金人聞之而色變，是功勳卓著的抗金名將。但宋高宗一意求和，使得朝中主和派把持大權。張俊承受不住政治壓力，倒向了主和一派，與秦檜等來往漸密，當年的錚錚鐵骨，在歌舞昇平的浸泡下，漸漸軟了。

骨氣喪失，換來的卻是皇帝賞識。張俊的政治主張符合宋高宗主和的想法，因此得以加官進爵。為示恩寵，高宗特意降旨：朕打算去你家吃飯，好好準備喲。

要知道宋高宗並不像李顯一樣，是個千方百計找藉口去大臣家蹭吃蹭喝的無節操皇帝。高宗在位三十五年，只去過兩位臣子家用膳，一個是他張俊，另一個則是秦檜。

罕見，才更顯珍貴。能得皇帝屈尊下榻，實堪稱莫大的榮耀。

張俊也不負皇恩，竭力張羅了一席中國古代有文字記載的最大規模盛筵。

這是一頓「看菜單都會感到累」的大餐，整頓飯吃下來耗時極長，以至於不得不安排中場休息。吃飯過程分成三個階段：初坐、再坐、正餐，儀式感很強，而呈現菜品之多、烹飪手段之豐富，遠遠把上一章的燒尾宴拋在了身後。

皇帝駕到，一套繁文縟節後，所有人就位落座。隨同宋高宗來到張俊府上的隨從和大臣們，各有不同規格的飲食招待，本書所列，僅限於皇帝一個人的分量。

下面開始上菜。

初坐：非前菜，只能看不能吃

本階段登場的菜品，多為「看食」或「聞果」，主要供觀賞和聞味道，以水果、堅果、香料為主。當然了，倘若皇上忍不住拿來吃，諒其他人也不敢置喙。

首先，秀麗的女服務生端上八副堆成堆的果盤。繡花高飣一行八果壘：

香圓：香櫞。香櫞是中國原產水果，它和它的一個變種——佛手柑一樣，有著濃郁的清香，但由於皮太厚，幾乎沒有果肉，因此很少被食用。宋高宗落座後，先呈上一盤空氣清新劑，提神醒腦，美化氣氛，張俊果然用心。

真柑：上品蜜柑。從唐代開始，溫州地區的甌柑便成為貢品，源源不斷運往長安洛陽。南宋偏居江南，所用食材也主要以淮河以南所產為主，溫州甌柑無疑是最佳選擇之一。到了明代初期，甌柑跟隨僧人遠渡重洋來到日本，並由當地人培育出了著名的「溫州蜜柑」。沒錯，日本人不忘這種水果的來源，特地以「溫州」為其命名，也算得上中國食物征服世界饕客的一個典例。

石榴。

柳丁。

鵝梨：既然有「鴨梨」，那麼是否存在鵝梨和雞梨？翻看古籍，發現一種「江南李王帳中香」炮製材料用到了鵝梨。「江南李王」，指南唐後主李煜，據說他的寵妃小周后發明了這種祕製熏香，用來增添夫妻情趣。可見鵝梨是具奇香的，所以有人推測鵝梨並不是我們所認知、可食用的某種梨子，而是指「榅桲」。至晚在唐代，中國就已經有人種植榅桲，它外形像梨，具有異香，確是當「聞果」的上佳之選。

乳梨：雪梨。

榠楂：光皮木瓜。

花木瓜：木瓜。

八盤水果，除去不怎麼好吃的香櫞、木瓜外，宋高宗若每種水果嘗一顆，肚皮差不多該鼓起來了。

然而張俊並不打算理會宋高宗有沒有吃飽，繼續上菜。接著是一輪十二道乾果、堅果之類。

樂仙乾果子叉袋兒一行：

荔枝。

圓眼：桂圓。

香蓮。

榧子：香榧。

榛子。

松子。

銀杏。

梨肉。

棗圈：去核切片的棗脯。同理，桃、梨等都能做「圈」。

蓮子肉。

林檎旋：林檎是中國本土蘋果，也叫沙果、海棠果。林檎旋即蘋果片。

大蒸棗。

此時宋高宗已經吃下一肚子水果乾果了，卻遲遲沒等來熱菜。

宋高宗：「該上菜了吧，朕想吃點熱的。」

然而張俊並不理會，接下來是香料拼盤，空氣中頓時充滿各式香氣。

縷金香藥一行：

腦子花兒：白腦香。

甘草花兒：甘草拼盤。

朱砂圓子：朱砂為丹藥的主要成分，一向受上流信道人士歡迎，不過此物有毒，皇上是斷斷不會吃的。

木香、丁香。

水龍腦：龍腦的一種。龍腦，通常被叫做冰片，龍腦樟樹淬鍊提取的頂級香料，歷朝只有外邦進貢可得，極其珍稀。

史君子：即使君子，種子常被用來製成驅蛔蟲藥。

縮砂花兒：縮砂主虛勞冷瀉，宿食不消，下氣。縮砂仁是當時（宋元時期）常見的調味料。

官桂花兒：桂皮，也叫肉桂，如今廚房的主力佐料之一。

白朮、人參。

橄欖花兒：橄欖拼盤。

這根本是上了一堆今天燉肉做魚用的調味料嘛！

下面這輪是做工精美的雕花蜜餞，果蔬先經鏤雕工藝，再以蜜漬，色、形、味具臻完美，窮巧極麗。

宋代貴族崇尚甜食，也是今天南食偏甜的原因之一。有些富室豪門，府上設「四司六局」，專掌家宴籌備，四司是：帳設司、廚司、茶酒司、台盤司；六局指：果子局、蜜煎局、菜蔬局、油燭局、香藥局、排辦局。蜜餞甜食小組單獨設置，足見甜食需求。

雕花蜜餞一行：

雕花梅球兒：雕花的梅子蜜餞。中國廚師的指尖似乎附有魔力，他們不僅負責征服食客的味蕾，還能創造出令人驚嘆的視覺藝術品。千奇百怪的麵食造型、花式繁複的擺盤，當然，最讓人印象深刻的，大概要屬食材雕花工藝了。食材加工成藝術品，既娛舌，也娛心。

紅消花兒：蜜漬五味子。能益氣生津，補腎寧心。

雕花筍：鮮筍刻出花式。筍的吃法或鹽焗、或蜜漬。幾百年後的臨安，今天再度興起的百筍宴上，仍然能看到當年高宗御膳雕花筍的傳承——「錦果蜜筍」。

蜜冬瓜魚兒：蜜製的冬瓜，刻成魚形。可以想像一顆大冬瓜掏空了瓤籽，劈作兩爿，在冬瓜內壁瓜肉雕出一群群遊弋的水族，如碧玉般晶瑩，兼且具有瓜果清香。今天雲南玉溪還保留用紅糖白糖做的冬瓜蜜餞，而廣西玉林的「茶泡」，更見精雕細琢，將冬瓜化作精美雅致的手工藝品，堪稱匠人巧思與美食的完美結合。

雕花紅團花：今天福建著名的地方小吃「紅團」，古稱沙團。南宋的澄沙團子一直傳承到今天，糯米粉染紅製作紅團皮，綠豆、紅豆、紅薯泥都可作餡，其嫣紅如胭脂，全不似吃食。這種看起來像漆器的食物，簡直是中國喜慶文化最無節操的代表作。

木瓜大段兒。

雕花金桔。

青梅荷葉兒。

雕花薑。

蜜筍花兒：蜜製筍。

雕花柳丁。

木瓜方花兒。

砌香鹹酸一行：

香藥木瓜：兩宋，西陲強虜崛起，絲綢之路阻塞，不得不尋求海上貿易，市舶貿易盛況前所未有。此間，香藥（香料）進口量大增，單次朝貢就能達數以萬斤。正常貿易、走私、販運、加工、銷售，朝廷與市場的博弈、各種關於香藥江湖的記載和傳說，從沉香、麝香到乳香，從香品到香具、女妝、飲食、釀酒、醫藥等眾多行業的滲透應用，香藥在宋代已經形成龐大的產業體系，不再似唐朝般集中在皇家專享，逐漸流向尋常人家。

椒梅：又是一味藥膳，主料是花椒和烏梅，有驅蛔、消渴、祛暑之功。

香藥藤花：藤花即紫藤花，也叫紫流蘇。中國人善於從自然中採擷，薄荷、玫瑰、牡丹、金菊，百卉含英，在先祖的食譜裡，花卉是常見食材，取自自然的繽紛饋贈，裝點成奇妙的味道。蘇東坡終老之所就叫紫藤舊館。身為史上赫赫有名的饕客，他辛苦蒔花，相信絕不僅僅為了玩賞。在蘇東坡眼裡，花園跟菜園差別不大。中國南稻北麥的主食格局成就了紫藤花的不同吃法，四月是紫藤花期，開得正精彩的紫藤被人們採進廚房，分別做成紫蘿餅和紫藤糕。花卉的粗暴吃法是直接裹上麵糊或雞蛋油炸，如同吃香椿一樣，幾乎所有可食用的花兒都適用此一吃法。

砌香櫻桃：砌香是香料融入食材的特殊處理工藝。「櫻桃百變料理」歷史悠久，唐朝有櫻桃畢羅（披薩）、糖酪澆櫻桃。櫻桃盛在考究的小碟子裡，澆蔗漿乳酪；國產櫻桃皮薄汁多，北方乳酪馳名天下。

紫蘇柰香：柰是另一種原產中國的小蘋果。這道紫蘇柰香，是紫蘇和蘋果加入香料製作的爽口前菜。直到今天，紫蘇仍然常被用來佐魚蟹葷腥食用，蒸蟹的時候，籠底墊幾片紫蘇葉，祛寒去腥。此外，紫蘇鴨、紫蘇百合炒羊肉都是這種有著獨特氣味植物的常見吃法。

砌香萱花柳兒：黃花菜。

砌香葡萄。

甘草花兒。

薑絲梅：青梅的甜酸中和薑的辛辣。梅子和薑遇合的例子，至今仍能尋覓到：生薑烏梅飲、紫蘇楊梅薑、話梅薑片……中國人對薑情有獨鍾，從傳統的薑糖到風靡的薑撞奶，每一次這種辛辣佐料的婉轉變身，都如同驚鴻一瞥。話梅薑製作簡單：取幾粒話梅，略煮須臾，釋放酸味，下薑片同煮，加白糖、醋（或檸檬汁），片刻後關火，放涼即食。

梅肉餅兒。

水紅薑：添加水紅花子加工的薑，有消食作用。

雜絲梅餅兒。

漫長的等待，宋高宗終於等來了肉，然而仍然屬於零食。下面這輪是肉乾、肉脯。

脯臘一行：

線肉條子：細切的臘肉絲。

皂角鋌子：據說是皂角醃臘肉。小時候最想吃又一直不敢吃的兩樣東西，一是橡皮，一是肥皂。皂角在當時主要用來洗濯，古籍裡也見過同樣可作為洗衣液的草灰水做的米糕：植物灰浸泡過濾後得到的汁液，主要成分為碳酸鉀，呈鹼性。將早稻磨成米粉，稻草灰燼加開水，過濾沉澱後取其汁加糖和米粉，揉搓成比元宵略大，蒸熟，入口清香，這就是寧波的灰汁團。昆明過去一些蒸菜，籠屜襯底鋪的是皂角仁，又叫皂角米。蒸臘肉也是常見吃法，不知臨安府與昆明，數百年的距離間有沒有紹承或濡染。然而用肥皂替代品的皂角泡臘肉還是有點不容易接受，而且皂角潤腸通便，是主治便祕的古方，吃多了容易腹瀉。

蝦臘：曬乾的大蝦仁。

雲夢把兒肉臘：古雲夢澤在今湖北一帶，兩湖的臘肉向來不錯。

奶房旋鮓：倘若碰到姑娘來主動搭訕，被問到想不想一起吃飯，以及想吃什麼時，回答「想吃奶房」，大概會吃到耳光。然而奶房的的確確只是一種清白的食物：提取奶油後剩下的鮮奶，放置發酵，乳酸菌作用下，牛奶變酸、凝結，過濾掉多餘水分，鍋內文火慢煮，邊煮邊攪，奶塊又被熬成糊狀，再經一遍水分擠壓，充分加熱去水後，乾燥的奶渣被放進模具成型，在通風處風乾或曬乾，用時切塊，與乳酪相似，這就是奶房。古人做鮓，往往費時許久。總有急性子想先品為快，隨著需求增加，生產時間被要求壓縮，於是用酒糟或鹽迅速處理的「旋鮓」應運而生。

金山鹹豉：金山縣出的鹹豆豉，特產貢奉。

酒醋肉：顧名思義，酒和醋烹製的肉乾。

肉瓜齏：醬瓜、薑、蔥白、筍乾或茭白、蝦米、雞胸肉，每樣取相同分量，一概切細長絲，入香油炒。筍乾和茭白吸收蝦米和雞肉的鮮味，而本身如謙謙君子，不會影響其他食材的本味氣質，清香伴著可愛的純白，彷彿吃飯也變得清新脫俗起來。這道菜色澤淡雅，味道沖和，像濃蔭時節一片爛漫的江南阡陌。

吃完肉乾，接下來又是一輪乾果盤……

到目前為止，八盤水果，十二道乾果，然後接著十份香料、十二款蜜餞、八種肉乾……這都是些啥？現在是十月！朕想吃口熱的！總之宋高宗面前已經一堆水果乾果了，舉箸躊躇，一臉茫然。

垂手八盤子：

揀蜂兒：蓮房似蜂巢，故蓮子在宋代別名蜂兒。「揀」是宋人白話，意思是加工處理，揀蜂兒就是剝出來即食的蓮子仁。

番葡萄。

香蓮事件念珠：《夢粱錄》的〈分茶酒店〉將香蓮歸入乾果一類。「事件」原指動物內臟，比如羊事件、驢事件。這裡指香蓮的籽。

巴欖子：就是巴旦木，即扁桃仁，至晚於唐朝由波斯傳入中國。

大金桔。

新椰子象牙板：椰子肉。

小橄欖。

榆柑子：余甘子，能清熱利咽、止咳化痰。

到這裡，「初坐」階段吃完。

宋高宗吃了一肚子水果、零食，大概腸胃已經有點不舒服了。中場休息，玩賞玩賞張俊府上的園林、字畫，稍歇一會兒，再回來吃第二階段「再坐」。

再坐：接連九十二道的冷盤與水果、點心

切時果一行：

春藕。

鵝梨餅子。

甘蔗：宋高宗眼巴巴等著熱菜，然而……然而上了一盤甘蔗。

乳梨月兒：切成月牙形的雪梨。

紅柿子。

切棖子：柳橙片。

切綠橘。

生藕鋌子：生藕條。

時新果子一行：

金桔。

蔵楊梅：竹簽楊梅。楊梅原產中國，但與荔枝一樣，鮮果保存期短，在古代很難實現長途運輸，因此當時北方人所食多為經鹽津或脫水加工後的楊梅乾、楊梅脯。當然，得益於南宋都城地理位置的優越性，皇室自然不愁沒有新鮮楊梅吃。蘇軾曾推荔枝為水果之王，但吃過楊梅後，發出了「閩廣荔枝、西涼葡萄，未若吳越楊梅」之慨。宋高宗面前林林總總的各種餐前水果，以偏酸性的居多，食之開胃，張俊真是考慮周到。不過皇上吃這麼多酸的，不怕倒了牙，一會兒吃不下硬菜？

新羅葛：豆薯，又叫沙葛或涼薯，碩大的塊根可供食用，生食脆甜多汁，做沙拉、炒肉或包餃子，則各有千秋。這種植物在南方一些地區被稱為「地瓜」，讓不明真相的北方小夥子一臉懵騰：地……瓜不是烤的最好吃嗎？你們怎麼生吃了？中國地域廣袤，漢語分化出極其發達的方言體系，「同名異物」和「同物異名」的現象屢見不鮮，多多少少造成了一些交流障礙。所以北方人來到南方菜市場買地瓜時，一定要說清楚是買紅薯，還是豆薯。

切蜜蕈：美國奧勒岡州東部馬爾赫國家森林地下存活了大約兩千四百年的蜜蕈，其根系分布面積廣達八百八十公頃，是已知當前世界最大的生物。張俊當然沒辦法去北美把蜜蕈切一塊回來，此處的蜜蕈是指一種柑橘。

切脆棖：還是柳橙片。

榆柑子：余甘子。

新椰子。

切宜母子：檸檬片。孕婦喜酸，故名。

藕鋌兒：還是藕條。

甘蔗柰香。

新柑子。

梨五花子：梨拼盤。

接下來，把之前上過的「雕花蜜餞一行」和「砌香鹹酸一行」又上了一遍。

宋高宗：「這是什麼意思？朕都熬過這麼多輪了，你現在從頭開始再來一輪？朕的炒菜呢！」

然而下面這輪還是點心……

瓏纏果子一行：

北宋末，王灼的《糖霜譜》是中國最早的一部製蔗糖專著。製糖業經唐代嬗變，到兩宋時有進一步的發展，四川遂寧的蔗糖獨步天下，歲貢糖霜千斤。這裡的瓏纏，就是點心蘸裹糖霜的工藝。

荔枝甘露餅：以荔枝為餡、撒糖霜的糕點。到了清代，安徽天長流行起一種甘露餅，以糯米粉、白糖、青梅絲為材料，或者與南宋的甘露餅有些關係。

荔枝蓼花：蓼花糖是陝西歷史悠久的傳統甜食，相傳起源於明代，看上去像常見的江米條，金黃表皮掛滿芝麻和糖霜，咬開則是香糯的糖心。東南，千里外的福建仙遊，也有著相似的點心，用糯米、鹼、蔗糖、麥芽糖炸出糖胚，裹「蓼花米」。中國南北方迥異的飲食文化在這道食物上呈現高度的一致性。宋人吃棗、荔枝、蓼花，還有取「早離了」的口彩，祝學生早日離開學校。

荔枝好郎君：《東京夢華錄》有一道「郎君鯗」，是鹽醃的黃魚。荔枝好郎君則是鹽漬荔枝。由於荔枝變色變味極快，儲存荔枝、延長保質期就成為當時饕客們的重點研究課題之一，北宋書法大師蔡襄的《荔枝譜》簡要提及了紅鹽法和蜜煎法兩門貯藏荔枝技術。現在仍然有荔枝泡在醬油裡的吃法，有興趣的朋友不妨試試荔枝蘸鹽是什麼味道。

瓏纏桃條：糖霜桃條。

酥胡桃：今天依然非常常見的零食，也叫糖酥核桃或琥珀核桃。幾年前，以糖酥核桃為主角的西北特色點心瑪仁糖，曾經攪起軒然大波。然而任何爭端和摩擦，最終都不會妨礙人類嚮往美食、追求美食的那股衝勁，「有時間一起吃飯」大概是中國人說得最多的許諾，不管兌現率如何，一起吃飯，在久遠時代作為生存機會的共用行為，即使在現代社會，仍然繼承著超越食物本身的情感訴求，是最重要的情感表達方式之一。

糖酥核桃的簡易作法

烘乾核桃仁，扔進熬製的糖漿裡，撒芝麻，放涼即食。

纏棗圈：棗去核切片，沾糖。

纏梨肉。

香蓮事件。

香藥葡萄。

纏松子。

糖霜玉蜂兒：糖霜蓮子

白纏桃條。

接著又上了一輪肉乾，與「臘脯一行」相同。

至此，即使不算重複的三巡，也已經端上九十二道冷食，宋高宗可能有點吃不下了。

就在這個要緊的關頭，熱菜終於登場。

正餐：飛禽走獸花鳥蟲魚統統下肚

宋代人吃飯，習慣用碗、盞，而不是盤子作菜餚的容器。此處的「盞」為量詞，每盞有兩道菜。

下酒十五盞：

第一盞

花炊鵪子：《射雕英雄傳》靖蓉初會，黃蓉刁難酒家，報出一連串菜名，打頭陣的一樣下酒菜便是花炊鵪子。當年金庸先生燈下撰文時，大概也參考了張俊請客的菜單。鵪子即鵪鶉，菜名花炊，兩種解釋：一是烹製過程中可能用到了花瓣，古代江南人食花的例子並不少見，加入花卉，不僅賦予食物異樣芬芳，而且尤顯得食客風流雅致；另一種可能，則指花式燒鵪鶉，「花炊」言烹飪手段之新穎精彩。

荔枝白腰子：今天把睾丸俗稱白腰子，區別於腎的別稱紅腰子。清代《調鼎集》也有「荔枝」，是睾丸花刀切成荔枝皮狀，實際上並不放荔枝。不過考慮此前荔枝已經多次露面，而張俊慣會揣摩聖意，大約宋高宗也嗜吃荔枝，所以菜如其名，做成糖水荔枝睾丸湯也合情合理，滿滿一大盆白色的球漂著，皇上吃一個荔枝吃一粒睾丸，唇齒間全是笑意。

第二盞

奶房簽：簽，是食材剁碎，捲餡油煎的菜式，宋代非常流行。今天一部分簽菜仍然在餐桌上活躍，如蛋皮捲肉、肝簽。我們之前提到過「八珍」之一的肝膋，正是肝簽的雛形。有些簽菜對食材的要求很高，如羊頭簽，製作只取羊臉肉，（羊頭簽只取兩翼，土步魚只取兩腮）。蝤蛑簽，只用青蟹兩螯肉為餡，吊蛋皮，捲餡油煎，切塊。若是肝簽、羊頭簽，可佐椒鹽；若是蝤蛑簽，則佐醋、橙皮絲。蛋皮濃香，蟹螯肉鮮美，醋橙醇酸，共同組成美豔奇絕的味道，在舌尖綻放只是一瞬，卻不妨礙它化作文字，傳為永恆。

三脆羹：三脆是什麼已不可考。南宋人林洪有一部清奇脫俗的食譜《山家清供》，書中收錄有一道山家三脆——嫩筍、小蕈子、枸杞菜。今天的炒三脆則變成了豬腰子、魷魚、海蜇頭。

第三盞

羊舌簽：簽菜中用來包裹食材的有雞蛋糊、腸衣、麵粉，甚至水果皮；不同材料相遇，激發得到迥異的精彩。宋人南遷後，鹿肉的供給已經不及唐代時豐足，而出於對農耕的保護，國家並不提倡甚至嚴懲殺牛，於是羊肉在上流階層的食用肉類中占比提高。

萌芽肚胘：萌芽謂初生，肚胘則是百葉，萌芽肚胘就是動物幼崽（牛、羊、豬）的胃。《禮記》為有身分的人訂了一條規矩：「君子不食圂腴」，也就是君子不吃動物腸胃。先秦之際，似乎貴族們確實只吃肉、肝臟，但到了唐宋，連皇帝都全無顧忌，大吃特吃，更遑論尋常的「君子」們了。

第四盞

鵪子炙：烤鵪鶉。

肫掌簽：肫特指禽類的胗、胃，這道菜所用多半不是雞肫，否則該叫肫爪簽。

南宋時期美味的肫掌簽

材料：去骨鴨掌、鴨胗、冬筍、韭芽

作法：上述材料剁碎勾芡，做成餡料，以豆皮包裹，澆雞蛋糊，油炸至金黃，取出切段。

第五盞

肚胘膾：生百葉切薄片。

鴛鴦炸肚：兩種方式烹製的炸肚。

第六盞

沙魚膾：沙魚生魚片。沙魚就是鯊魚，宋朝人吃鯊魚主要是吃魚皮和魚唇。

炒沙魚襯湯：隨著冶鐵工藝進步，鐵鍋，這一劃時代的神器終於可以量產，中餐迎來了烹飪革命——炒菜的出現。單論口福，宋高宗無疑比李顯幸運得多，可憐李顯身為九五之尊，為了吃飯不惜徇私，落下個「不知創業之難，唯取當年之樂」的名聲，終究也無法領略炒菜的味道。

第七盞

鱔魚炒鱟：鱟是一種看上去挺噁心的像巨型甲蟲的海洋生物，有著極其古老的血脈歷史。早期鱟化石證明這種生物早在四到五億年前就已經存在。鱟富含銅離子的藍色血液是天然的生物檢測劑，對大腸桿菌等細菌極度敏感，醫藥和食品業用鱟血液提取的凝固蛋白原能夠檢測到萬億分之一的毒素污染，當細菌侵入鱟血液，鱟將分泌凝固蛋白原封印入侵者。中國至今有些地區視鱟籽（卵）為美食，攤販當街懸掛著鱟叫賣，有紅燒、蔥油、整隻煮不同吃法。在中國，被食用的鱟是中華鱟，與另外一種劇毒的圓尾鱟外觀不易辨別，常見中毒事件。用鱔魚炒鱟……大概有些女孩連鱔魚也未必敢吃，更遑論鱟了，這道菜相當怪誕，未必珍奇，卻著實獵奇。

鵝肫掌湯齏：鵝肫、鵝掌燉菜。

第八盞

螃蟹釀橙：南宋一朝水產資源豐富，此次筵席的正餐部分，水產占據半壁江山。而蟹釀橙，更是將螃蟹與柳橙的默契一直延續到了現代人餐桌上。蟹肉的鮮美充分吸收了橙皮的清爽酸甜，江海與山林在水火交融中完成合作，形成邪惡的新口感。水火，是烹飪的智慧，蟹釀橙成功與否，三次入鍋，火候很關鍵。中餐烹飪，沒有精準的時間計量、拿捏火候，全憑司膳者的經驗和感覺。欠，則為山止簣；餘，則過猶不及。烹飪之道，正是儒家「允執厥中」之道。

做工繁複的螃蟹釀橙

材料：精選小牛犢肉、羊肉、蔥白

作法：1、大閘蟹，冷水入鍋大火蒸二十分鐘後，剝取全蟹粉，即蟹黃、蟹膏和蟹肉。

2、將上述材料用薑末、白糖、鹽和黃酒煸炒，填入剜空的橙中，再次上鍋蒸滿三到五分鐘，取出裝盤，即可上桌。

奶房玉蕊羹：即奶房熬玉蕊花羹。玉蕊花在唐宋享有盛名，然而後世張冠李戴，以訛傳訛，硬生生將這種植物混淆了，今天已經無法確考玉蕊究竟指哪種植物。

第九盞

鮮蝦蹄子膾：一直到明代以前，肉類和水產生食，在中國人餐桌上占有一席之地。肉片、魚片，統稱為「膾」。這道鮮蝦蹄子膾，是用新鮮活蝦和豬蹄，快刀削成薄片，根據口味，蘸或酸或辣的佐料進食。

南炒鱔：南宋是南北文化大融合的朝代，飲食文化也不例外。宋高宗在位時，北菜進入南方為時尚短，南北之分猶自明顯，隨著時間遷移，這樣的分野漸次消失。這道南炒鱔，正是地道的南方菜，因為高宗本人長期生活在北方，故特意指出「南方烹炒工藝」，可見與之相對的，當時也必然存在著北法炒鱔魚。

第十盞

洗手蟹：與上一盞的南炒鱔相對應，洗手蟹是正宗北菜。宋人祝穆在《事文類聚．介蟲．蟹》中說：「北人以蟹生析之，調以鹽梅芼橙椒，盥手畢即可食，目為洗手蟹。」因為作法簡單，洗個手回來就做好了，故名洗手蟹。

鯚魚假蛤蜊：鯚魚即鱖魚。宋代，以素代葷、棄葷茹素的飲食觀和烹飪工藝已經出現，汴梁、臨安酒肆餐館就有假羊事件、假鴨、假驢事件、奪真雞這類仿葷菜。按照今人一般考證，這道菜大概是用鱖魚做成蛤蜊的樣子。但不排除「假」是失傳或失考的烹飪工藝，確實犯不上拿魚肉假扮蛤蜊肉，尤其是後面的「豬肚假江珧」——江珧柱被中國歷史上食神級的蘇東坡譽為天下最好吃的三種東西之一，江南又不缺貝類，張俊沒有理由用豬下水仿照江珧柱給皇上享用。

第十一盞

玉珍膾：《射雕英雄傳》裡洪七公奄奄一息之際交代下一樁未了心願，再吃一回大內御廚的鴛鴦五珍膾，但何者為珍，書裡不註，就無從考據。螃蟹清羹。

第十二盞

鵪子水晶膾：用鵪鶉做的肉凍薄切。南宋陳元靚《事林廣記》有魚湯做的水晶膾：「赤梢鯉魚，鱗以多為妙。淨洗，去涎水，浸一宿。用新水於鍋內慢火熬，候濃，去鱗，放冷，即凝。細切，入五辛醋調和，味極珍。須冬月調和方可。」魚凍調入佐料。當時的冷凍，除北方寒日戶外放置能自然凝結，南方或天氣炎熱時，多懸吊在水井裡為食物降溫。

豬肚假江珧。

第十三盞

蝦棖膾：蝦刺身，佐柳橙片享用。

蝦魚湯齏：蝦魚湯裡加搗碎的薑、蒜、韭菜末。一般窮苦人家吃粗飯吃齏，北宋名臣范仲淹童年家貧，每日所食，只是凝結的冷粥和菜齏（碎鹹菜）而已，一罐冷粥，劃成兩份，作為午餐和晚餐。范仲淹最終以寒門拜相，位極人臣，劃粥斷齏的典故也傳為千古佳話。喝粥吃齏，是當時貧民生活的寫照，御宴上出現這個，則純粹為了調味。

第十四盞

水母膾：海蜇皮刺身。

二色繭兒羹。

第十五盞

蛤蜊生：蛤蜊肉剁碎了拌佐料，與洗手蟹相似。

血粉羹：街邊小吃。臨安早市上就有賣羊血粉羹，然而皇上深居閬苑，平時反而未必吃得到。

下酒菜告一段落，下面插播一輪。

插食：

炒白腰子：據說宋高宗年輕時，有天夜裡壁咚宮女之際，門外驟起喧譁，四處有人叫喊「金兵打來了！」高宗受到驚嚇，從此陽道衰廢。於是張俊瘋狂的給皇上吃腰子。

炙肚胘：烤百葉。

炙鵪子脯：煎鵪鶉肉乾。

潤雞：中國人有在節日吃特殊食物的傳統，似乎只有清明節例外，沒有哪種食品能在清明這天制霸全國。不過在閩南地區，清明節還是有機會一飽口福：極薄的熟麵皮，包捲著春筍絲、豬腿肉絲、蚵煎、韭黃、豆芽、魚丸片、蝦仁、香菇、花生粉、砂糖粉，一張小小的麵皮，擁有幾乎囊括天下食材的能耐，有如佛家的納須彌於芥子，山膚水豢彙集一堂，一口下去，是咬穿了四季山河的豐富味道，這就是台閩的潤餅。宋朝的潤雞究竟是什麼，已無從稽考，只好從今天傳統美食裡按圖索驥，也許這樣牽強的測度謬以千里，但我們鉤沉古籍，尋找古味，不只為了還原，更為了留存、提醒和致敬。

潤兔。

炙炊餅：饅頭乾。

看到這裡，大家應該會有「皇帝吃的也不過如此」的想法吧。

不炙炊餅，臠骨：臠骨就是切塊的肉骨頭。當時炊餅多帶餡料，類似今天的肉包子。高宗吃的這道麵點可能是脆骨（軟骨）餡的蒸饅頭。

又到了該說再見的時候，壓軸菜亮相，廚師們的看家好菜上桌了。

廚勸酒十味：

江珧炸肚。

江珧生：與蛤蜊生工藝一致。江珧柱，也就是江珧的後閉殼肌，剁碎佐調料。

蝤蛑簽。

薑醋香螺。

香螺炸肚。

薑醋假公權。

煨牡蠣：文火慢燒的牡蠣。

牡蠣炸肚：看來宋高宗完全不在意什麼「君子不食圂腴」，反而極其喜歡吃百葉。

假公權炸肚。

蟑蚷炸肚：蟑是蟑螂，蚷是馬陸……即使我朝素有食蟲傳統，蟬、蠶蛹、龍虱……但好像不會吃蟑螂和馬陸吧！尤其是馬陸，那麼多腳，而且完全看不出有肉可以吃啊！所以，不排除後人繕寫時抄錯字，將「蟾蜍」抄作蟑蛇。蟾蜍就是蟾蜍，雖然也不怎麼樣，好歹還是能吃的。宋高宗出來這一趟都吃了些什麼亂七八糟的，怪不得做了皇帝後，只在大臣家吃過兩次飯。㉝

至此，宴會結束。

這次請客，宋高宗共計享用諸菜一百九十六道，其餘侍臣、隨從各有不同規格招待，清河郡王破費無算。

山外青山樓外樓，西湖歌舞幾時休。

那是岳飛被殺第九年，韓世忠逝世第二個月。

八百年後的我們回首這段歷史，五味雜陳。中國飲食文化歷史悠久，博大精深，自此可見一斑。然而，那席山膚水豢，縱然千滋百味，也只是曇花一現。歡娛過後，立即湮沒於歷史的長河，唯獨一味辛辣的諷刺，衝破歌舞迷離，撞響了王朝的喪鐘。

㉝ 本章內容，參考自南宋周密的《武林舊事》。

庶民的日常智慧：品味百姓家常

先秦．秦漢——刀耕火種下的粗獷飲食

從前，我們的祖先不挑食，挑食的都餓死了。

中國原生食材雖多，但在遙遠的先秦，作物分布不均，產量也極其有限，而且，有很多好吃的暫時沒被發現。

好在祖先們英明神武，找到了幾種能吃的草，分別取名為：粟、黍、稻、豆，並以之作為口糧支柱，生存下來，開創了偉大的中華文明。

吃肉是一種奢侈的享受

「八百里秦川」的關中平原，茫茫沃野，曾經是中國糧食產量最高的地區之一。糧食供應充足，成為秦漢隋唐等多個強大王朝選擇在此定都的重要原因。兩千

年前，這裡最常見的作物是——粟（小米），粟的造字結構，「西」加「米」說明了這一點。

秦漢之際，民間食用小米的主要方式是蒸小米飯。一碗黃澄澄的小米飯，對於見慣了稻米飯的現代人，無論從視覺還是口感上，都堪稱新鮮體驗。

另外，粥和加入野菜的羹，也是最常見的食物。

肉呢？想要吃肉，首先需要掌握打獵技能，然而進入農耕時代，男性的大部分時間被束縛在田埂上，很難有餘暇獵取豐富的野味。

當然，養殖是個好主意。中國人約在一萬年前就開始養豬了。我們知道，「家」字拆分開來，是象徵屋頂的「寶蓋頭」加一個「豕」字。「豕」就是豬，屋子裡有豬，才能成家。這反映出一個當時的社會現象——家裡養豬，說明家境不錯，姑娘才肯嫁過來，豬隻的有無、豬隻的多寡，是衡量財產的標準，是當時的民生必需品。咱們倘若有機會穿越時空回到殷商，可以考慮從事養豬業，說不定有機會成為當時的首富。

既然是「衡量財產的標準」，說明豬隻來源並不充裕，所以對普通人家而言，吃肉是件奢侈的事情。當時的豬，除了作為食物，還有一個更重要的用途，即用來祭祀。尋常百姓人家，只能在殺豬的時候收集脂肪，偶爾拌在野菜上作為孝敬長輩的美食。

炭火上的烤肉

商周時代，燒烤食品已經是當時的主要食物，
人們除了把整隻動物放在柴堆上燒烤的「燎祭」
外，還有生肉、乾肉和用鼎煮的肉。
《禮記·禮運》記載：「夫禮之初，始諸飲食，其
燔黍捭豚，汙尊而抔飲。」

吃東西也講究階級制度

在那個食物資源匱乏的年代，飲食有著森嚴等級的規定。《國語》記錄道：「大夫以上食肉，士食魚炙，庶人食菜。」放眼全國，能吃上肉的只有寥寥幾位公卿大夫而已。至於孟子說的「雞豚狗彘之數，無失其時，七十者可以食肉矣」，恐怕只是描繪的願景。

所以《左傳．曹劌論戰》中說「肉食者鄙，未能遠謀」的肉食者，代表某個階層。

「夫禮之初，始於飲食。」尊卑、君臣、長幼，飲食制度劃分了社會地位和角色，形成了從食物成本、坐席位置、進餐次序等區分對待的規則儀式，並成為中華禮法的重要組成部分，一直到今天仍然在發揮影響力。

那麼普通人家平時吃什麼？

就像我們前面說的，小米、黃米、大米、豆類，以及薺菜、莧菜、葵菜、韭菜、瓠瓜，而且大部分時間沒有新鮮蔬菜，只能吃「菹」、「虀」一類的醃菜。

所以大白菜燉豬肉是不存在的，不僅因為豬肉稀罕，而且秦漢時期，大白菜還沒有被培育出來。

《禮記》有一份先秦平民食單：

>（孝敬父母公婆）饘酏、酒醴、芼羹、菽麥、蕡稻、黍粱、秫唯所欲，棗、栗、飴、蜜以甘之，堇、荁、枌、榆、免、薨滫以滑之，脂膏以膏之。

這段文字列舉了一大串尋常人家兒媳侍奉父母姑舅的飲食，包括粥、酒、野菜湯、豆類、麥、高粱糖、堇菜、荁菜、榆錢和油脂，唯獨沒有肉。

不過到了戰國時期，官府控制商業的局面被打破，各諸侯國為富國強兵，大力發展商品經濟，市肆間出現了大量以賣肉為生的職業屠夫，民間食肉也就漸漸普遍起來。

狗肉，是當時百姓最常食用的肉類。

以「白虹貫日」之勢刺殺韓國宰相韓傀的「四大刺客」之一聶政，就長期從事屠狗業。他的雇主，第一次來請他執行刺殺任務時，聶政表示賣狗肉的收入足以養家，何況有老母需奉養，因此拒絕了對方的「百金」高價，可見當時的狗肉生意相當吃香。

西漢開國虎將樊噲，發跡之前也是個開狗肉鋪子的。（這真是個人才輩出的行業。）後來「屠狗之輩」儼然成了大隱於市、鋒芒斂藏的英雄群體代稱。

一日兩餐　麵食成為高級食品

度過了先秦的艱苦歲月，時間來到秦漢，尤其到兩漢時期，平民的日常飲食條件就好多了。按照西漢兒童啟蒙讀物《急就篇》的說法，「餅餌麥飯甘豆羹」，當時主食是餅類、粗糲的米飯、麥飯、粟米飯，以及豆子羹。一般一日兩餐，早餐叫「饔」，是更豐盛的一餐。晚餐叫「飧」，「飧」又通「湌」，就是水泡飯，早飯投之於水，泡軟了搭配醃菜，當作晚飯吃。

雖然漢代的穀物研磨技術已有長足的進步，但民間還是不容易吃到麵食，麵食在當時是足以作為禮品餽贈的高級食品。

儘管當時麵食的種類已經相當豐富，有蒸製的死麵或發麵饅頭，烤製的餡餅、火燒，煮熟吃的麵條、麵片，不過由於總量稀少，民間並沒有多花心思為這些麵食分別取名字，在相當長的一段時間裡，所有麵食一概統稱為「餅」。

街上有許多賣各式熟食的店家

漢武帝時期，為籌措軍費供出兵匈奴，國家曾將工商業收歸國有，但此舉極損民利。漢昭帝即位後，朝廷召開了一次討論工商業是否應繼續由國家壟斷的辯論會，史稱「鹽鐵會議」，而此次會議的紀錄，就是著名的《鹽鐵論》，其中羅列了很多當時的民間食物。

今民間酒食，殽旅重疊，燔炙滿案，臑鱉膾鯉，麑卵鶉鷃橙枸，鮐鱧醢醢，眾物雜味。

上面這段是與會一方，代表開放工商業的「賢良文辭」派列舉的例證，來說明在國家把持工商業的局面下，民風之腐敗墮落。其中，「臑鱉」就是燉鱉，「麑卵」就是鹿胎。這段陳詞比較誇大，即使西漢生產力進步，民間也沒有殷富到動輒吃鹿胎、燉鱉的地步，不過仍能看出天下承平時期，百姓的飲食水準比從前提升了很多。又如：

今熟食遍列，殽施成市，作業墮怠，食必趣時，楊豚韭卵，狗鞭馬朘，煎魚切肝，羊淹雞寒，挏馬酪酒，蹇捕胃脯，胹羔豆賜，鷇膹鴈羹，臭鮑甘瓠，熟粱貊炙。

看來說這話的人平時沒少逛街，對街市上的熟食如數家珍。上面這段提到了：

楊豚——烤豬

韭卵——蒸韭菜雞蛋

狗鞭馬朘——狗鞭、馬鞭

羊淹——鹽漬羊肉

挏馬——馬奶酒

蹇捕——腿肉

豆賜——又作「豆鍚」，糖漿澆豆子

轂膹——鳥肉羹

臭鮑——鹹魚

販賣熟食的生意極好，以至於個中翹楚能名留青史。《史記．貨殖列傳》裡的濁氏，靠賣胃脯（羊肚）為業，成為名列富豪榜的頂級富商，擊鐘鼎食，連騎相過，公侯莫比。

不過繁華歸繁華，尋常人家依然保證不了每天有肉可吃：

今閭巷縣佰。阡伯屠沽，無故烹殺，相聚野外。負粟而往，挈肉而歸。夫一豕之肉，得中年之收，十五斗粟，當丁男半月之食。

基層商業發展，鄉鎮的集市上有賣肉的屠戶，背著糧食去換肉，一頭豬大約價值尋常年景的一畝田產，所以，肉食成本還是很高。

王充在《論衡．譏日》裡記錄道：「海內屠肆，六畜死者日數千頭。」全國屠宰場，日屠宰量不過數千頭而已。

《論衡》大約成書於漢章帝元和三年，即西元八六年，當時全國人口在四千萬左右。這麼多人口，每天殺大型牲畜只有幾千隻，加上私人屠宰，數量也極其有限，幾百甚至幾千人才平攤一頭牲口，吃肉的機會仍然少得可憐。

豆腐的發明與豆類製品的應用

歷史上很長一段時間，中國人用來替代肉類攝入蛋白質的主要食物來源是豆製品。豆腐，相傳是西漢淮南王劉安煉製丹藥時造出來的東西。豆腐的確切起源，學界無法確定，根據打虎亭漢墓壁畫，有觀點認為豆腐的出現，應該不晚於東漢。

中國人永遠不會停止嘗試製造新奇的味道，每一種食材，在不同時間、不同地域、不同的需求裡，會升級出不同版本。除了毛豆腐、臭豆腐、奶豆腐……各式各樣的豆腐之外，豆製品還有另一種古老的化身——豆豉。

在中國烹飪歷史上，豆豉有舉足輕重的影響力，是古代最常用的調味品之一。西漢馬王堆墓穴出土過一罐品相較完好的豆豉，外觀看上去甚至和今天超市販售的豆豉沒什麼區別。

羹湯是民間最常見的食物烹調方式

馬王堆一號墓主人——長沙國丞相夫人辛追，下葬的陪葬品中有大量與吃有關的東西，從廚具到餐具到佐料和主菜，硬是把墓室變成了廚房。

馬王堆漢墓中甚至挖出過一鍋藕湯，當考古人員打開蓋子時，裡面的藕片清晰可見，不過畢竟已歷時兩千年之久，藕的纖維已經溶解，隨著晃動和接觸空氣，藕片迅速消解掉了。

嗯？這鍋藕湯的味道？恐怕沒人知道。兩千年前古墓裡挖出來的東西，誰敢嘗一口？何況就算有這膽子，出土的東西，一概以文物計，怎麼能吃文物呢？

透過馬王堆遣策（隨葬品清單）及出土實物，可以窺見西漢，至少湖南長沙一帶的飲食概況。

主食：稻米飯、麥飯、油炸米餅、蒸米餅、米粉雞蛋糕。

蔬菜：筍、芋、藕、蘋、葵、白菜、襄荷、黃卷（豆芽）、蕪荑。

羹：牛首筍羹、牛肉羹、鹿肉鹹魚筍羹、鹿肉芋頭羹、鹿排豆子羹、鯽魚羹、鱖魚藕羹、鰟鮍魚羹、狗肉水芹羹、雁肉水芹羹、鯽魚水芹藕羹、鶴肉水芹羹、牛肉苦菜羹、狗肉苦菜羹、兔肉苦菜羹。

肉類：臘羊肉、臘兔肉、烤牛肉、烤牛排、烤牛里脊肉、烤豬、烤雞、烤犬肝、燉小豬、燉兔肉、燉天鵝肉、燉魚、汆牛胃、汆牛心、脾、肺、汆豬肉、汆雞肉㉞。

在炒菜出現之前，羹，是民間最常見的食物烹飪方式。一碗羹，能夠包容穀物、蔬菜、魚類和肉類，經濟快捷易操作，而且能提供可觀的營養和口感享受。

漢高祖劉邦發跡之前，常常帶著道上的朋友去哥哥家蹭吃蹭喝，招致嫂子反感。有一次，酒酣耳熱之際，嫂子突然拿著勺子猛敲瓦釜，大聲說家裡沒羹了，客人們大感掃興，紛紛離開。劉邦湊到釜前一看，見還有半釜的羹，從此怨憎嫂子。即使後來屢經風浪取了天下，身為天子，仍然對這樁舊事耿耿不忘，特意給侄子封了個「羹頡侯」，以事嘲諷㉟。

羹是食材混煮的典例，說到食材相混，今人大約會想到「大雜燴」。

西漢成帝時，長安流傳一句話，叫「谷子雲筆札，樓君卿唇舌」。京城有個叫樓護的小吏，此人口才便給，八面玲瓏，在長安公卿間相當吃得開。

王莽篡漢前夕，王太后家族勢力大昌。河平二年六月，漢成帝一日間將五位舅舅封侯，就是「日暮漢宮傳蠟燭，輕煙散入五侯家」。然而五侯不睦，老死不相往來，樓護卻長袖善舞，能來往五侯府邸，而且同時哄得五位侯爺歡心，皆奉其為上賓。五侯門各有拿手好菜，樓護整日換著花樣吃，終於吃膩了。有一回突發奇想，將五家精品菜餚打包回家一起燉。這五家主子不合，菜卻極其相合，竟成就不世之美味，世稱「五侯鯖」，正是今天大雜燴的起源[36]。

34 賀強，《馬王堆漢墓遣策整理研究》，二〇〇六年。

35 （西漢）司馬遷，《史記．楚元王世家》。

36 （漢）劉歆，《西京雜記》。

魏晉南北朝——亂世碰撞後的融合味蕾

主食界的巨星——饅頭一直為它的身世之謎所苦，尤其《三國演義》廣為流傳，讓「諸葛亮發明饅頭」的傳說深入人心。

照理說由臥龍先生擔任發明人，是件酷炫的事情，畢竟諸葛亮在中國民間是半神般的存在，他的另外一些偉大發明：最早的無人駕駛運輸設備「木牛流馬」、冷兵器時代的半自動步槍「諸葛連弩」，還有「孔明燈」（即天燈），都是高端大氣極受歡迎的傳奇產品。

可是，饅頭還是很苦惱，因為傳說諸葛亮發明饅頭，是出於一個血腥的理由。最早提出饅頭是由諸葛亮發明的，是北宋人高乘的《事物紀原》：

> 諸葛武侯之征孟獲，人曰：『蠻地多邪術，須禱於神，假陰兵一以助之。然蠻俗必殺人，以其首祭之，神則向之，為出兵也。』武侯不從，因雜用羊豕之肉，而包之以麵，象人頭，以祠。神亦向焉，而為出兵。後人由此為饅頭。

諸葛亮南征孟獲，為對抗蠻族邪術，手下勸他斬人首級祭神，諸葛亮不肯，而是把肉餡包在麵糰裡冒充人頭，於是得「饅頭」之名。

但是，這則傳說其實屬於「流俗詞源」——將常見的東西賦在名人身上而已。

不過饅頭出現的時間，的確約在東漢末期，當時叫作「蒸餅」。那時很多饅頭是有餡料的，類似今天的包子；而「包子」這個名詞直到北宋才出現。又到了考驗愛情的時間，那個時期的小夥子若問女朋友想吃什麼，女朋友說吃饅頭，其實可能指的是想吃包子。你若沒問清楚，送個實心大饅頭，兩人可能因此就掰了。

魔芋、鬼芋、妖芋＝蒟蒻！

饅頭和包子共用一個名字，有些東西卻有很多名字，比如「蒟蒻」。它還有另一個常見的名字——魔芋。在日文裡，魔芋有時會被寫成蒟蒻，許多在漢語中已經很少見到的古老物名，在日文裡卻能找到，比如本書出現的昆布、林檎。

魏晉時期，就已經有人開始食用魔芋了，左思〈蜀都賦〉說「其園則有蒟蒻、茱萸」。最初人們試圖食用魔芋，想必是受盡了折磨的。

魔芋全株有毒，植株中的草酸鈣結晶會直接灼傷食用者的口腔及消化道，使食用者遭受巨大痛苦——魔芋的「魔」字巧妙地說明了這一點。魔芋又被稱為「鬼芋」、「妖芋」，恐怕沒有其他植物同時被冠以妖、魔、鬼三種邪惡的稱謂了。從這些怪異的名字裡，我們似乎能看到那些前仆後繼勇敢吃魔芋的先賢，即使魔芋如此難以降服，饕客們還是憑藉頑強到令人感動的毅力，用無數次失敗的嘗試、承受著巨大的痛苦，摸索出了安全無害的烹調法，真是在用生命吃飯！

魔芋多分布在中國南方。永嘉之禍，晉室南渡，大批北方人遷移到了原本地廣人稀的長江以南，南北飲食迎來一次風尚、習慣、技藝的交融，同時分野也更明顯。

北方人的主食，南方人視為粗食

東晉，可能是中國歷史上最傲慢自大的時代，在這個偏居一隅，風雨飄搖的王朝中，存在著一系列的鄙視鏈：從北方渡江而來的僑姓世族（以琅琊王氏、陳郡謝氏為代表的原北方大族）瞧不起當地原住民的大族，而第一批南渡的瞧不起第二批，第二批南渡的瞧不起第三批，所有已經南渡的以及原住江南的大族又瞧不起沒有南渡的北人，不管有沒有南渡的大族們瞧不起寒門。

其時中國北方已被五胡十六國占領，南國相對太平。物產、物資的優裕，加深了這種南北、漢胡的歧視。雖然此一時期，北方也已經開始種植水稻，但主食仍然以粟、麥為主，尤其關中地區，「關中俗不好種麥」，更喜歡食用粟。

南朝人顯然吃不慣粟飯，視為粗食。劉宋朝，左衛將軍宗慤尚未出人頭地的時候，被同鄉以粟飯侮辱：

> 先是，鄉人庾業，家甚富豪，方丈之膳，以待賓客；而慤至，設以菜菹粟飯，

謂客曰：「宗軍人，慣噉粗食。」慤致飽而去。至是業為慤長史，帶梁郡，慤待之甚厚，不以前事為嫌㊲。

這位同鄉家平時用盛饌待客，然而宗慤上門，卻故意給他鹹菜、粟飯吃，還說：因為宗慤是軍人，吃粗飯吃習慣了。後來宗慤掌管地方，並沒有計較前嫌，反而待之甚厚，相較於上一章用封爵侮辱嫂子的漢高祖劉邦，胸襟如何，高下立判。

洛陽的魚價錢比牛羊還要貴

江南之地，稻美魚肥，除了稻米飯為北方粟飯口感所不及，南方水產也足以令北人豔羨。北方洛陽「魚」貴，水產非常珍稀，有「洛鯉伊魴，貴于牛羊」、「寧去累世宅，不去鰶魚額」的說法——洛陽城的魴魚比牛羊更貴；寧可房子不要，也不能不嘗嘗鰶魚的味道。北方水產稀缺到連統治者都無能為力的地步，曹操曾在一次酒會上嘆息：「今日高會，珍羞略備，所少吳松江鱸魚耳」。

曹操說想吃松江鱸魚，是在表達南取東吳之志。孫權坐擁江表之地，水產豐富，但也有想吃卻吃不到的時候。

㊲（梁）沈約，《宋書・宗慤傳》。

孫權會見方士介象，論及什麼魚好吃，介象道：「鯔魚好」。孫權道：「咱們只論就近可得的魚，海魚不算。」介象叫人在殿上挖出一方池子，注滿水，須臾釣起鯔魚，送庖廚切魚片。孫權又想起一事，道：「只是美中不足，眼下沒有蜀薑做齏配魚吃。」介象笑道：「這有何難。」於竹杖內置一符籙，使人騎著竹杖，頃刻便至成都市集。使者買了薑，還遇見赴蜀國公幹的張溫在逛街，又幫張溫帶了封家書回來。一往一返，魚片將將切好㊳。

孫權這道生魚片配薑可謂經典，在此基礎上衍生出大量的肉類、魚類生吃花樣。實際上，並不是進入文明時代後，先民就徹底放棄吃生魚生肉了。膾，指魚或精肉切成細縷和薄片的狀態，也是眾多烹飪選擇中重要的一種。

蒸、煮、烤、煎、炸、炒、燜，無論食材烹調的工藝如何進步，始終沒能徹底取代生食。但生食並非全如樊噲在鴻門宴上直接切豬腿肉下酒那般血淋淋，生食有生食的優雅，通常會搭配做工繁瑣的佐料蘸食。

有一種「殘膾」，說的其實是銀魚。傳說越王勾踐敗居會稽山，有次正切魚，聞吳兵至，急將魚倒入江中，化而為魚，因為狀如膾（魚絲），遂名殘膾。

《洛陽伽藍記》裡說，梁武帝崇佛，不殺生。有一次會見法師寶志，寶志在他面前吃魚。梁武帝問，朕二十年不吃魚了，法師以為這魚的味道如何？寶志就從喉嚨裡撚出一條活蹦亂跳的小魚來，證明自己雖然吃了魚，但魚還是活的——不算殺生。

從生食到雜燴、燉煮的烹調藝術

《齊民要術》在烹飪部分講解極細，諸如切肉時順著紋理還是橫向破開紋理這類細節，也涓滴不漏，誠意十足。書中屢次強調「食為政先」，重申推廣、提高稼穡、手工技術的重要性，認為於國於民皆有大利。諄諄良言，苦心孤詣，是個胸懷含靈的饕客。

《齊民要術》收入的食譜，生吃、醃製、風乾、羹臛、雜燴、燉煮、蒸、煎、炒、釀、烤、炮、主食、硬菜、素食、羹湯、鹹菜一應俱全，蔚為大觀，魏晉美食集中爆發於此。其中一些菜餚的作法，至今仍有借鑑意義，此處精選幾例，以饗諸君：

肉醬：早在先秦，就流行將肉剁成醬來吃。牛羊豬狗獐鹿兔，大凡獸類都能入醬。賈思勰的肉醬，是肉、麴、鹽、黃蒸（蒸過的麵粉）、米酒，加麻油爆鍋的蔥拌食，蔥香肉醬，香糯醉人，真是別有講究。

㊳（東晉）葛洪，《神仙傳》。

醃蟹：九月團臍，十月尖。九月份的母蟹，蟹黃正肥。取蟹令吐盡泥沙，浸在糖水裡，蟹會喝入糖水。次日用蓼熬湯，多加鹽，湯冷後把蟹放進去，密封入甕二十天。二十天後，揭開蟹殼撒薑末，依舊蓋好，換一個甕，用鹽蓼湯浸著，再開甕時即可食。中國飲食，恣肆而克制，從不拒絕任何搭配的嘗試，又凜遵著從自然法則裡領悟的經驗。醃製和發酵，正是這種生存哲學的代表。

八和齏：齏是把蔬菜搗、切碎的吃法，先秦即見。尋常百姓餚饌不豐，齏就成了日常佐餐。《齊民要術》記載的這道八和齏就豐盛許多，是用蒜、薑、橘皮、白梅、熟栗子肉、粳米飯、鹽、醋，八樣相合，入臼舂搗，酸辣香鹹兼具，而且賈思勰心思周到，八和齏成本不高，足以進入尋常百姓家。

魚鮓：賈思勰身在北朝，水產海鮮不比南方，所以這裡用的是淡水常見的鯉魚。新鮮鯉魚洗淨切塊，撒鹽醃，用重物壓榨去水分，鋪在甕裡。蒸熟的米飯，叫作「糝」，加茱萸、橘皮、酒，拌勻，塗在魚身上，這樣在甕裡鋪一層魚塊、抹一層糝，層層疊疊，魚用盡為止。竹葉或箬葉封頂，甕口密封，置陰涼處。時間的法術開始生效，發酵過程中產生的紅色汁液倒掉，等到汁液顏色變白，味道變酸，魚鮓就成功了。

還有一種「裹鮓」，魚膾、鹽、糝，用荷葉厚厚地裹起來，三天可食。我們在前面章節也提到了，今天的日本壽司正是演化自鮓，復古的「鮒壽司」製作方法，

御土荷葉雞

原名「叫化雞」，是一道地方特色小吃，傳到承德後，選用承德特有的離宮黃土、熱河泉水和湖內的荷葉做原料精製而成。
御土荷葉雞味道鮮美，尤其是那一股獨特的、淡淡的荷葉清香，更令你胃口大開，回味綿長。

幾乎與賈思勰這道魚鮓如出一轍。

魚脯：一魚兩吃。首先要挑選季節，最好在冬季，十一、二月是做魚脯最好的時機。用筷子從魚嘴捅進去，直捅到底，但不要捅漏，因為要往魚腔灌醬汁，包括極鹹的湯、花椒和薑。魚眼穿線，串成一串兒，懸在室外越冬。北方凜冬確保魚不會腐敗，湯汁的味道卻得以充分滲進魚肉。到二、三月份，挖出魚臟腑，澆醋來吃，此時腥氣已無，別有風味。剩下的整魚裹在泥和草裡，埋在灶下煨熟，槌掉封泥，開吃。

除了魚外，鵝、雁、雞、鴨、鶬、鴇、兔子、鴿子、鵪鶉都能如法炮製。這種食材包裹在泥土裡加熱的作法，叫作「炮」。《射雕英雄傳》裡洪七公的「黃泥荷葉叫花雞」就是炮製菜的代表。

書中另一味相似的菜品來自游牧民族：嫩羊肉批細片，羊脂也切片；佐料用整顆豆豉、鹽、蔥白撕碎、生薑、花椒、蓽茇、胡椒調味。羊胃翻轉過來，塞滿羊肉羊油和佐料，縫合，埋入地裡，上覆以灰燼，再生火，約一頓飯的功夫悶熟。

用食材作為天然器皿，竭盡所能地汲取各種食材本身的味道，融合成最終成品的複合口感。這種作法在中國菜裡並不罕見，後文將出現名為「釀」的烹調方式，先民腦洞大開，動物腹腔、瓜、柳橙，各種食材被開發成容器，食物搭配突然出現了無數可能性。

蒸藕

材料：蜂蜜、蓮藕。

作法：蜂蜜灌滿藕孔，軟面封好兩端，使蜜不能流出。蒸熟，棄蜂蜜不要，藕切片上桌。

羊腸盤雌斛：將凝結的羊血、羊脂、生薑、橘皮、花椒末、豆醬清、豆豉汁、粗麵粉、米，灌進清洗好的羊腸，煮熟切段，佐醋和醬，似乎與今天北方人的吃法只差一味辣椒。

羌煮：北朝民族融合，諸多生活經驗中，最方便交流的大概就屬烹飪，羌煮即是一道傳入漢地的羌族美食。鹿頭煮熟切小塊，豬肉剁小塊，與蔥、薑、橘皮、花椒、醋、鹽、豆豉一起熬成濃湯，最後下鹿頭肉，豬鹿雜燴。

蒸藕：此菜作法類似今蘇浙一帶常見的桂花蜜汁藕，區別在於藕孔裡改為填充糯米。

蜜純煎魚：「煎」有兩種，以熬汁為目的和油煎。如今說起煎，一般指後者。油煎出現的時間晚於水煎，不過油煎的出現，絕對算得上廚藝革命。蜜純煎魚用的是最常見的鯽魚，去內臟，不刮鱗。蜜、醋各一半的比例調成汁，加鹽，浸著鯽魚。約一頓飯的功夫，甜酸入味後，取出瀝乾，下油煎熟。焦香的魚肉，酸甜的濃汁，食客的味蕾將被這道菜所征服。

鴨煎：一般認為炒菜出現在宋朝，這說法不甚嚴謹，原因在於有時煎和炒的分界線模糊。《齊民要術》中有大量類似「炒」的加工方式。這道鴨煎，用肥鴨一隻，去掉鴨頭、內臟和屁股，鴨肉切丁，蔥、鹽、豆豉汁炒透，拌花椒、薑末。

菹肖：「菹」就是醃菜，更確切說是拌佐料的菜。同樣作為平民餐桌常見配菜，菹的形式比齏更豐富。菹肖，是豬肉、或羊肉或鹿肉，切成韭葉寬的肉絲，放入鹽、豆豉汁炒熟，拌剁碎的醃菜，澆醃菜汁。看樣子，神似今日的酸菜肉絲。

酸豚：主材選用乳豬，肉質香而不膩，連骨剁塊，確保每塊都要帶皮。肉塊下鍋，與蔥白、豆豉汁一道炒香，放少許水，煮爛。再下粳米、蔥白、豆豉汁。吃前拌以花椒和醋，賈思勰對此讚不絕口。

炙豚（烤乳豬）：乳豬肚皮上開小口，淘淨臟腑，填入茅草。乳豬串在棍子上，架火烤，邊烤邊轉。時時在豬皮上塗灑清酒（促其上色）、極白極淨的煉豬油。烤好的小豬色如琥珀，如融雪，入口即化，濃香盈齒。

灌腸：極品下酒菜。羊肉剁成餡，和蔥白、豆豉汁、鹽、薑、花椒末調勻，灌進處理乾淨的羊腸，上火烤熟，一段段切著吃。以今天的標準，要酣暢地吃一回灌腸，一碟蒜泥往往不能少。大蒜鈍而拙樸的辣感，與這種充滿油脂感的濃香分外契合——蒜泥白肉就是它們結合的例證。

搗炙：肥鵝肉剁塊，穿竹簽。用醋、瓜菹（鹹或酸味的醃瓜）、蔥白、薑、橘皮、花椒末調汁，抹在串兒上，打上雞蛋，大火烤到微焦、油脂欲滴。

餅炙：白魚肉、豬肉剁成肉醬，用醋、蔥白（切碎）、瓜菹（切碎）、薑末、橘皮末、魚醬、鹽調在一起，捏成餅子，下油煎成焦紅。所有食材一定剁到極爛，或者考慮加雞蛋和麵粉，否則入油可能會炸散。

釀炙白魚：釀菜登場了。釀菜頗符合中國人「內秀」的哲學，白魚不要開膛，從背上破進魚腹，加鹽。取肥鴨，去骨，剁碎下鍋，加醋、瓜菹、魚醬、薑、橘皮、蔥、豆豉汁，炒熟，填進魚裡，文火烤熟，刷醋和魚醬、豆豉汁。

筒炙：不拘肉的種類，鵝、鴨、獐、鹿、豬、羊肉均可，剁成肉醬炒熟，和入同樣剁爛的酸瓜菹、筍菹、薑、花椒、橘皮、蔥、胡芹，放鹽。倘若不黏則加麵粉，將以上餡料敷在竹筒上烤熟，注意竹筒必須留一截，方便手握。打上蛋清再烤，烤乾後塗蛋黃，再烤熟，成型的肉餡剝下來，切掉兩端上桌。

髓餅：骨髓、蜂蜜和麵擀成餅，烤熟。

細環餅、截餅：當時的甜點，又叫「寒具」。蜜兌水和麵，沒有蜜可用紅棗湯或牛奶替代。如果用的是純奶（不兌水）和麵做的截餅，更加上乘。

粽子：西晉《風土記》提供的粽子作法，是菰葉（茭白葉子）裹著黍米（大黃米），用濃濃的草木灰汁煮。看，最早的粽子，既不是甜粽，也不是肉粽。用草木灰汁做飯，在古代相當常見，現在作法改良，早不用草灰了。草木灰汁呈鹼性，彼時還用於濯洗衣物，相當於洗衣精。

缹茄子：這是文獻可見最早的茄子烹調紀錄。茄子破成四條，開水焯。油燒熱，下入蔥白、香醬清爆香，放茄子炒，加水燜熟，再加花椒和薑末。

缹菌：缹就是煮，在這裡實際上等於「川燙」，即放進滾水，迅速取出。焯一

蜜純煎魚

《齊民要術》中記載：「鯽魚去鱗、去內臟，用等量的醋、蜜加鹽浸漬煮一頓飯的時間，取出用膏油煎，至色紅而成。」

下蘑菇，撕碎。蔥白、麻油爆鍋，再下蔥白、豆豉、鹽、花椒末、蘑菇。也可以再加熟的豬肉、雞肉或羊肉。

除去某些當時尚未出現的佐料，部分餚饌與今日差別不大，這也給了我們在現代廚房複製出一千四百年前味道的機會。對於個體，記憶是記載時間的符號；對於文明，文字突破了個體壽命，將這份記憶延續下去，讓我們在今天，即使樓臺坍塌、鐘呂默然，仍然得以重新呈現久遠時代的味道。

東漢末年開始，近四個世紀的動盪，戰亂阻滯著食物流轉，同時，民族融合又使中華飲食更加多樣。歷史上中國的飲食烹飪，從來不是故步自封，它的發展進化，一直伴隨著外來食材、工藝的融入，伴隨著學習和交流。政治和地緣的疆域，並不妨礙食物傳播。我們能輕而易舉把古往今來、天涯海角裝在一枚碟子裡，只為了此時此刻，一個人胃口的歡愉。

盛唐——大國風華，詩意食尚的藝術

憶昔開元全盛日，小邑猶藏萬家室。
稻米流脂粟米白，公私倉廩俱豐實。

盛唐，永遠被仰望的時代。不僅因為它橫制六合的強大，詩酒風流的儒雅，更因為這是個藏富於民的時代。

斗米三錢，行者不囊糧，國家庫藏豐實，貫朽粟陳，正是古之聖賢孜孜以求的盛世景象。

餃子的出現與麵點新花樣

唐代小麥大幅增產，兩稅法首次規定，夏季稅收使用小麥繳納，打破了此前歷代以粟為主的賦稅結構，表明唐代中期小麥產量已經到了與粟基本持平的水準。小麥增產，麵食不再像從前一樣奢侈難求，唐人把麵食玩出了新高度。

位於新疆吐魯番市的阿斯塔那古墓群，葬著五個世紀的高昌國臣民，自一九五九年起，考古界對這裡進行了十三次考古發掘，出土了大量唐代麵食。由於氣候的原因，這些麵食歷經千年，仍然得以保存完整形貌。這些點心造型古怪，完全不同於今天任何一種常見麵食，讓人不得不佩服唐代麵點師傅的想像力。

一九八六年的一次考古發掘中，在一處高昌墓室赫然發現了八枚盛放在碗裡的牛肉餡餃子，形狀與今天的蒸餃幾乎沒什麼差別。

餃子生命綿長，幾十年前仍貴為奢侈食物的代稱，寄託著無數父輩祖輩對春節的嚮往，堪稱食物界老妖。餃子、餛飩同源，起先分野並不明顯，無非都是麵皮裹著餡料往滾水裡下，所以很長一段時間，餃子沒有專屬的名字，只能用餛飩的名字。讓人想起過去家長們對家裡老二的態度：買啥新衣服，穿你哥的！要啥新玩具，玩你哥的！取啥名字，用你哥的！餃子很委屈。

比起作法和吃法，中國人向來不怎麼在意給食物定名這件事，好吃就行，管它叫啥，比如咱們之前提到過的餅和饅頭，也曾飽受同物異名之苦。

歷史上餃子名目龐雜，除了與餛飩夾雜不清外，有時還會被叫做「牢丸」、「餛飩」、「偃月」……（那關二哥的青龍偃月刀，豈不成了青龍餃子刀？）直到南宋《武林舊事》，才開始叫它「餃兒」，這名字可真夠可愛的。到了明清，「餃子」之名好歹算敲定下來。

餛飩定名就很早，《北戶錄》引《顏氏家訓》說「今之餛飩，形如偃月，天下通食也」，則唐朝已經餛飩滿天下。《酉陽雜俎》提到一戶蕭姓人家的餛飩鋪子，在中唐時代曾經大受上流社會歡迎，號稱「衣冠名食」，一座難求。他們家餛飩湯撇去油，可以直接用來煮茶。

無法想像那杯茶的味道。

天熱吃冷麵，飯後吃點心

麵條迎來了革新，唐人終於為夏天吃麵太熱提供了解決方案——冷麵。詩聖杜甫在吃過一份冷麵後，心滿意足地寫下感想，題目叫做〈槐葉冷淘〉：

青青高槐葉，採掇付中廚。
新麵來近市，汁滓宛相俱。

槐葉榨汁和麵，出鍋後吊在井裡冷透，或者直接過涼水。金華人至今仍然把涼麵稱作「冷淘」，看來在橫店拍唐朝戲挺方便的，從當地找臨時演員演麵攤老闆，都不用改口。

從前說起「點心」，一般指正餐前的小食，饅頭包子烙餅都在此列。後世點心的概念慢慢與茶食混同，演變成糕點之屬。宋朝吳曾考證，點心這種叫法肇始於唐：江淮留後鄭傪的老婆早起化妝，而家僕已備好晨饌，鄭夫人就叫弟弟先吃，說「治妝未畢，我未及餐，爾且可點心」。鄭傪這個舅子食量不小，往往把姊姊那份也吃光了，奴婢們又向鄭傪討要飯庫鑰匙，備夫人的點心，鄭傪就納悶：「不是剛吃完嗎，怎麼吃這麼多？」❸❾可見吃早餐跟化妝的時間相衝突，歷史由來已久，千年來一直沒能解決，到現在仍然是物種難題。

說到點心，不得不提一樣嫵媚的食物——饆饠（畢羅）。它存在時間並不十分長，但每一次於古卷亮相，宛若驚鴻，如同盛裝的美人兒，玲瓏甜美，使人愛不釋口。

饆饠常見於唐人典籍小說，似乎是當時相當受歡迎的美食，然而奇怪的是，唐代之後，這種食物便銷聲匿跡了，以至於今人很難還原其貌。

據日本最早的百科事典《和名類聚抄》記載，日本遣唐使從中國帶回的第一批和菓子，就包括饆饠（ひちら）。可以確定的是，製作饆饠一定要用到麵粉，兵書《太白陰經》說「一斗麵做八十個」，可見用麵很少，可能是薄皮餡餅之類。

饆饠用餡向來考究，彷彿尋常食材，根本配不上這種玲瓏奢食。蟹黃饆饠珍美可尚；天花（一種以鮮味著稱的蕈子）饆饠號稱九煉香；櫻桃饆饠更無需多言——能用水果做餡料、尤其是用櫻桃這嬌滴滴的漿果做餡料的麵食，在中國古代絕無僅有。

做櫻桃饆饠手藝最好的，是位將軍。

唐文宗朝，左金吾大將韓約做得一手清新甜美的櫻桃饆饠，更有訣竅能保櫻桃色澤如新。當時，宦官掌握禁軍兵權，凌暴百官，甚至屢興廢立天子之事。文宗有心翦除閹黨勢力，收歸皇權，於是召集心腹，密謀了一個計畫，打算誘殺宦官頭子仇士良、魚弘志。韓約正是此次行動的關鍵人物之一。

大和九年仲冬，朝堂之上，韓約奏稟，說左金吾衙門後院的石榴樹上發現甘露，這是難得的祥瑞之象，請陛下移駕觀賞。文宗便使仇士良、魚弘志先去查探真偽。兩個大宦官隨韓約抵達左金吾衙門，卻見韓約這廝面白如紙，大汗淋漓，冷又不像冷，熱又不像熱。仇士良何等人物，立即察覺事有蹊蹺，仔細聆聽，微聞院內有兵甲碰觸之聲，當即回身便走，同時急調手下神策軍挾持天子，屠殺大臣，皇城臣民被殺者一千六百餘人，史稱「甘露之變」。

唐文宗苦心經營的中興計畫，毀在韓約手裡。

可惜了大唐帝國，繼續疲軟。

可惜了櫻桃饆饠，就此失傳。

大臣邊吃粥邊等待上早朝

在朝為官有一樣壞處，就是要早早起床出門等早朝，叫「待漏」。唐憲宗之

㊴（南宋）吳曾，《能改齋漫錄》。

前，朝臣待漏的時候連個遮風避雨的地方也沒有，大家一起站在大明宮正南的建福門外恭候著。後來皇帝體諒臣子，修了個待漏院，大臣們終於不用一大早就露天罰站了。五代後唐在待漏時為沒來得及吃飯的臣工們提供豐富的早餐。宰相盧澄只喝粥，當時提供的粥有很多種，盧澄偏愛栗子粥、乳粥、豆沙加糖粥。三種都供應時，就合在一起吃。

乳粥就是粥裡加奶。唐人食譜多見食物裡加奶的作法，粥裡加奶、米飯加奶、水果上澆奶，還有醍醐，就是那個灌頂的醍醐。醍醐是獸乳幾經提煉得到的珍貴食材：奶煉成酪、酪煉出酥，生酥做成熟酥，再度提煉，最後得到醍醐。

立春吃春餅，過年吃灶糖

節日，是時間節點的標記。最初先民用來提醒遵守自然秩序，指導農事、調整施政方針。由於對當時社會生產，乃至經濟有著重要意義，加上神學意識影響，從官方到民間，都會選擇在節日當天祭祀、舉辦儀式，強化時間概念，以執行下一階段的生產、政治計畫，而這些活動也漸漸形成風俗和禮俗。飲食是人類表示「隆重」的象徵之一，在隆重的時節，享用超乎日常的飲食，最後演變成節令食物。

立春這天吃春餅，薄薄的麵皮，裹著各種葷素，在熱騰騰的甑裡蒸熟，看起來像今天的包子，不過皮更薄，也不需要剁餡。

大年初一，照例要向長輩獻「五辛盤」，即包括蔥、蒜、韭菜、芸薹、胡荽五種辛辣食材組合的拼盤，有時也用蔥、蒜、椒、薑、芥，總之都是衝擊力極強的東西。（這誰發明的？誠心跟長輩們過不去是吧？辣的給長輩們吃，其他人則可以吃糖。）

白居易〈歲日家宴戲示弟侄等兼呈張侍御二十八丈殷判官二十三兄〉有「歲盞後推藍尾酒，春盤先勸膠牙餳」之句。過年時，白居易家親戚畢至，吃團圓飯。席間有種糖叫膠牙餳，這種糖類似於後來的灶糖、糖瓜黏，有些地方也叫關東糖，屬於糧食糖，極黏。後世作為祭灶食品，意在懇求灶王返回仙界時，多給自己家說好話。另一種說法是灶王會被這種糖黏合住嘴巴，所以無法說壞話。總之灶王爺吃了這種糖，要麼會被黏住嘴，要麼嘴巴會變甜，無論如何，只要給灶王吃糖就對了。

唐人愛吃糖，連螃蟹料理也是甜的

中國早期的糖，用稻、麥、粟之類糧食製取，澱粉糖化、熬煮，得到的糖質地黏稠，就是飴糖，也叫「餳」。

西漢文獻裡首次提及的「石蜜」，才是今天更常見的蔗糖。

中國人做蔗糖的關鍵工藝基本取自古印度。發展到唐朝，製糖工藝進步不大，唐太宗為此特地遣使去印度學最新的製糖術，然後用揚州一帶的甘蔗、印度新一代製糖術做出來的蔗糖品質，反超印度本土所產。

甘蔗榨汁、熬煮、濃縮冷卻後得到的原糖顏色棕赤，就是「古法紅糖」。在這個基礎上提純脫色，又製出白色的砂糖。除了佐餐外，糖還被做成各種卡通形象，比如做成狻猊樣子的猊糖。

滄州等地的糖蟹被選為貢品觀獻。蟹類具有趨光的習性，當地人趁夜間鑿開河冰，高舉火把、燈籠，用狗肉、豬肝作餌，一夜下來，收穫頗豐。新鮮的螃蟹裹入厚厚的氈布，由驛馬疾馳送入京城。前面〈魏晉南北朝篇〉介紹了醃蟹，這裡再說說糖蟹的作法：糖煮化，把活蟹漬一宿，用廖湯和鹽醃，泥封好，二十天後拿出來，如果蟹臍跟活的時候一樣，再用鹽廖湯澆，泡好密封起來，隨吃隨取，中間不能進空氣[40]。

越臭越好吃，越簡陋越美味

中國人的食譜兼收並蓄，酸甜辣鮮鹹固然能入口，苦也能入口，甚至於臭——嗅覺上的反感並不會妨礙味覺的愉悅。臭豆腐出現之前，水產的臭味，已經讓好這口的饕客欲罷不能許多年。《大業拾遺記》收錄有一道米魚含肚。做這道菜要專等五黃六月盛夏時節，鮮魚放置兩天，等魚微微變質，才除掉內臟，裡外厚厚抹鹽。隔一夜，洗淨曝曬，夜裡用重物壓著，白天又曝曬，反覆五六日，入甕密封，二十天後取出，其皮色光徹，有如黃油，魚肉則又鹹又臭。

晚唐筆記作家段成式年輕時有一次馳馬遊獵，不知途中與隨從走散，還是他獨自出行不曾囊糧，總之無所果腹，向村農借食。有老婦端出彘臛（豬肉羹），看上去粗糙簡陋，段成式吃了，覺得猶勝珍饈，難以置信。要知道段家宰相之門，一向重視烹飪，段成式的老爹段文昌尤精此道，撰有美食專著（今已散佚），府上廚房號稱煉珍堂，有一老婢司廚。老婢之能，猶在段文昌之上，四十年間，傳法百餘人，只有九人最終有資格晉升為廚師。府上配備如此，段成式居然會為一鍋豬肉羹傾倒，念念不忘，民間確實藏有奇味。而尋常村婦，隨便端出來就是肉羹，著實也看出普通人家的生活水準比前朝「食草葉而不飽」大有提高。

㊵（元）佚名，《居家必用事類全集》。

鮮魚處理與烹調技術神乎其技

肉類和魚類的食用，基本上與前幾朝相似，翻新的只有烹調工藝。《嶺表錄異》說嶺南人捕了鯔魚，鹽醃好，生撕了佐醋吃，是極好的下酒菜。這道菜當地叫作「跳艇」。仲春之際，當地人居高視海，遠遠望見魚群密密麻麻，如水底的烏雲，既闊且厚，洶湧而來。瞭望者急速回報魚師，漁船迎頭而上，衝進魚陣，也不用撒網，魚兒便紛紛自行躍上甲板，只一趟便滿載，「跳艇」這個名字由此而來。漁船歸程時，倘若再遇到魚群，就要避開，不可再駛入，否則跳上的魚太多，恐怕將船壓沉。真是令人嚮往的壯觀景象。

唐朝有個姓南的舉人，削得一手好魚片。那為什麼叫「削魚片」而不是「切魚片」？

原來此人刀工了得，每每將魚架起，隨手削之，賓客眼花繚亂之際，一尾大魚頃刻便已見骨。所削魚片，浮水不沉，風吹可起，當得上「薄如蟬翼」。南舉人也憑此絕技，在他們文人圈裡博得好大名聲，凡左近文士雅集酒會，必請他到場，以壯觀瞻。

這一日，南舉人應邀出席飯局。主人殷殷相求，請他務必露一手，南舉人欣然同意。他支起魚來，疾速引刀平削，魚片在空中連成一串，劃著美妙的弧線準確落盞，觀眾轟然叫好，忽然一聲雷震，大雨傾盆，所有魚片化為蝴蝶，翩然飛去。南舉人大驚失色，怔忡良久，乃長嘆一聲，折刀棄地，從此再不削魚。

宛如跳舞般的生魚片刀法

上面故事南舉人的削魚片，便是「膾」（鱠），類似於今日的刺身。

中國人吃膾的歷史，可以上溯到先秦。不論肉片、魚片，生吃總是不太好消化的，因此講究越薄越好，所謂「食不厭精，膾不厭細」。想要切薄，便需快刀疾削，唐人就有「飛刀膾鯉」之說，言手速之快，可見《酉陽雜俎》南舉人的故事確有其原型。除了動作快以外，切膾還講究厚薄均勻，大小統一，這就會需要純熟的手上技巧。

吃膾是件講究事情，刀工講究、佐料講究、配菜講究。

刀法運用，不僅要快，而且花樣繁複。唐人有《砍膾書》一編，專論製膾，其中刀法便有「舞梨花」、「柳葉縷」、「千丈線」等等，從這些名目甚至可以想像一位風度翩翩的俊逸廚師，雙手持雙刀，在暴雨梨花般的漫天魚片中起舞……畫風奇特。

中國廚師刀法堪稱世界一絕，大約出現在清代的淮揚名菜「文思豆腐羹」無疑是這方面的代表作。廣東的「順德拆魚羹」，依稀能看到傳說中古老削魚片的刀工痕跡。不同的是，拆魚羹多用鯇魚，也並非生切，而是煎熟後直刀切作極細的魚絲，連同薑絲、腐竹絲、澎湖絲瓜絲、木耳絲、蘿蔔絲、陳皮絲等一併下入魚湯。

吃膾，最早的佐料是蔥和芥末醬，那份貫通鼻腔的辛辣足以吞沒一切腥膻。後來，一切辛辣食材似乎都被應用進來了，蘿蔔、生薑、蒜，以及醋和橙皮絲，當然，還有紫蘇。看來中國人吃膾，和日本人吃生魚片，從主材到佐料，沒什麼不同。

辛辣和酸性佐料，不僅在於提鮮去腥，其中還包含著中國傳統的膳食科學運用。芥末和蒜的殺菌能力，降低生食帶來的腸胃感染風險；紫蘇、蘿蔔，開胃解鬱，行氣寬中，緩解生食不易消化的問題。

果然不能小覷這幫天朝饕客。自古以來，他們就一直在用科研的精神研究吃飯，成就了今日恢弘的中餐版圖。

五代時有個叫梵正的尼姑，清苦的庵居生活並沒有埋沒她的天賦。當時天下懷念盛唐詩畫風流，她從王維的〈輞川圖〉找到靈感，用鮓、膾、脯、醃、醬、瓜、蔬、黃、赤雜色，湊成景物，組成一道大型風景冷盤，世稱輞川小樣。這道菜妙就妙在每個賓客碟子裡，都是〈輞川圖〉的一部分，倘若有二十人落座，則二十枚盤子景物不同，拼在一起，恰是輞川全景，端得窮巧極妙㊶。

兩宋——市井繁華，糕點與夜市的甜蜜誘惑

兩宋商業登峰造極，較盛世大唐更見繁榮。

唐代施行的坊市分區制度徹底被顛覆，居住區與市肆相混，宵禁也取消，有些店鋪甚至通宵營業。買賣晝夜不絕，無論風雪，行人如織。夜市一直喧鬧到三更天，不等安靜片刻，四更時分，山寺鳴鐘，街上有人報曉，早市又開張了。

有人拿北宋汴京人口的密度與今天的北京、上海、廣州、深圳相比，結果發現汴梁的擁擠程度，堪比二〇一〇年的北京老城區，可以想像彼時這座國際大都市的繁華。

北宋汴梁城有一些油餅店擁有多達五十多座的烤爐，買餅的食客大排長龍，每日售餅無算。蒸餅、糖餅、門油、菊花、寬焦、側厚、髓餅……帶餡的麵食更受歡迎。

南宋臨安則處處張羅包子：水晶包、筍肉包、蝦魚包、江魚包、蟹肉包、鵝鴨包。小時候讀舊小說，見某人遠行前「帶上些饅頭做點心」，覺得未免太艱苦，饅頭怎麼當點心，不怕噎死？其實此一時期的饅頭——也就是炊餅，大多是有餡料

---

41 （北宋）陶穀，《清異錄》。

的。背上一葫蘆黃酒，一口袋皮薄肚大的肉饅頭，西風古道，策馬徐行，吃得滿嘴流油，似乎是很棒的旅行呢。

料多實在的各式湯麵

「瓠羹」是一種湯麵，搭配各種澆頭。有只要肥肉的膘澆，只要瘦肉的精澆，有只配菜蔬的造齏，熱麵、冷麵、細麵、麵片以及大骨麵。一碗普通的水滑麵，澆頭已相當豐盛，包括芝麻醬、杏仁醬、鹹筍乾、醬瓜、糟茄、薑、醃韭菜、黃瓜絲和煎肉㊷。

瓠羹店門前通常會搭起山棚，掛上幾十個豬羊，相當醒目。甫一進門，喧譁頓起，熱氣撲面，食客、小二穿梭往來。落座後，就有跑堂的夥計著紙筆詢問客官吃點啥，一一問遍，報予後廚烹調。

上菜時，小二左手抓三個碗，右臂從肩至腕堆疊著十幾二十個碗，逐一分給食客，動作乾淨俐落。倘若上錯了，遭到食客投訴，則小二挨罵罰薪，甚至當場辭退。

《飲膳正要》記載的瓠羹（大骨羊肉麵）

作法：1、餡羊肉帶骨剁成大塊，草果為佐料，熬一大鍋羊肉湯。

2、撈出羊肉切片，取瓠瓜挖瓤削皮，也切片，與羊肉、細麵條下鍋爆炒，加薑、蔥、鹽、醋，起鍋時再加肉湯。

寺廟布道時會準備豐盛的羹湯粥品

一些規模較大的寺廟布道時也會準備豐富的食物。禪宗五宗七派之一的為仰宗初祖仰山慧寂大師，備下的道場羹裡甚至會放果脯。

彼時大型道場，僧眾會唱導佛經故事，有頂尖的素齋，商販畢至，行人雲集，不啻於大型廟會，熱鬧非凡。「臘八粥」就是在這樣的場合出現的。

南宋時，已經明確記載有臘八粥。佛教將臘月初八作為釋迦牟尼成道紀念日，這天對外施粥。在佛教影響力下，臘八煮粥漸漸演化成民間食俗，後世過節，除了春節有歲之更替、中秋講究團圓少數幾個節日外，食俗大抵已經超過了節日本身的

㊷（南宋）吳曾，《吳氏中饋錄》。

意義，成為節日標籤。很多節日因食物得以延續下來，臘八就是典例。今天，也許人們不再記得臘八這天佛祖成道，卻仍記得在這天喝一碗臘八粥。

外型奇特的活化石也能入菜

由於特殊的地理位置，南宋時期的民間飲食，水產扮演了相當重要的角色。臨安，南朝魚米之鄉的中心，水產之豐饒，與北國不可同日而語。沿街水產攤肆櫛比，叫賣各種鮮活魚貨，海蜇、蝦蟹、田雞、螺螄、蛤蜊……翻看古老的江南飲饌食譜，我們彷彿能嗅到當年青樓畫閣、寶馬雕車的臨安味道。

「江珧」是一種廣受歡迎的貝類，江珧的閉殼肌，在今天一般稱為「干貝」。紹興三年（西元一一三三年），宋高宗詔令福唐（福建福清縣）、明州（寧波）每歲貢車螯的肉柱五十斤。

有些貝類的閉殼肌不容易取下來，比如蛤蜊。宋朝人發現吃蛤蜊時這枚肉粒總是吃不乾淨，百爪撓心，簡直不能忍！在吃這件事上，任何問題都不應成為問題，豈因吃不乾淨蛤蜊廢食焉！於是祭出神農嘗百草的精神，上窮碧落，下臨九淵，不知試了多少材料，煮死多少蛤蜊，終於找到解決方案——在煮蛤蜊的時候，鍋裡加入枇杷核裡的仁，閉殼肌就很容易剝落下來。

另外宋人還發現燉魚時，河魚，冷水下鍋熬，骨酥；江海魚，沸湯下鍋，骨堅。用治學的態度研究做飯，做個飯跟從事科研一樣，令人讚嘆不已。

有一種生物，至少存活了四億年，挺過四次物種大滅絕，見證過無數滄海桑田地球巨變，如今成為盤中飧，這就是鱟。恐龍尚未出現的古生代，鱟已經徜徉在萬仞鯨波。遠古的翼鱟，體長能達三米。即使後來小巧多了，先民偶爾捉到，恐怕還是不大敢吃。所以中國較早可查關於食用鱟的記載，直到兩晉才出現。

郭璞《山海經注》：「鱟魚形如惠文冠，青黑色，十二足，長五六尺，似蟹，雌常負雄，漁子取之，必得其雙。子如麻子，南人為醬。」唐宋時，吃鱟已經習以為常，兩宋京城街市上到處叫賣。

吃鱟也有風險，有一種圓尾鱟，劇毒，外形易與可食用的中華鱟混淆，常常發生誤食中毒事件。在某些省分，野生鱟已列入保育動物名錄。《夢粱錄》將「鱟」作為水產統稱，可見當時吃鱟之風。

北宋初年，民間有料理鱔魚的高手，擅長做去骨白鱔。他做的這道菜叫做「軟釘雪龍」，是京洛一絕，名達天聽，常常應詔入宮為御宴服務，酬勞豐厚。

吃生魚片的習慣一直在延續，擺盤也越發考究。廣陵（江蘇揚州）有一道「縷子膾」，是鯽魚、鯉魚肉細細批作薄片，襯以嫩鮮筍、菊花幼株作胎骨（《清異錄》）。在吳越一帶，把魚片拼成牡丹花樣，擺放在盎裡，色微紅，如初開之牡丹，美名曰「玲瓏牡丹鮓」，以花入菜，以菜比花。一枚精雅瓷碟裡，盛裝得似乎就是那個窮奢極麗的南宋王朝。

螃蟹生吃與風乾魚、醃大蝦

魏晉有醃蟹，隋唐有醉蟹，宋代則有洗手蟹。

洗手蟹又叫蟹生。今天浙江，尤其溫州一帶還是常見「蟹生」這道菜，是取活蟹（梭子蟹為宜）去蓋、去腮、切碎，再以酒精濃度高的白酒醃一小時，撈起，加醬油、醋、薑、蒜，靜置片刻入味即可食。由於屬於生食，可能引起腸胃不適，切不可用死蟹。

青魚或鯉魚去內臟，每斤用四、五錢鹽醃製。七日後取出洗淨擦乾，腮下剖一刀，塞入川椒、茴香、炒鹽，腹中也多塞些，用紙盒麻皮包著，懸於當風處，這就是「風魚」。晨光熹微，透過窗櫺，一列風魚搖曳在屋瓦下，貓咪怔怔盯著，鳥雀呼晴，侵曉窺簷語。

炙魚也相當常見，街衢魚肆有售，家庭烹調起來很容易。鱭魚烤乾，去頭尾，切段，下油煎熟，每段分別包在箬葉裡納入瓦罐，泥封口，甕中自成一世界，與甕外一切潮溼、塵埃、空氣流動隔絕，隨吃隨用，能延長儲存期。

洗手蟹

材料：生蟹（也叫「蟹生」，在今天浙江仍常見）、麻油、調味料。

作法：《吳氏中饋錄》介紹的詳細作法是將蟹剁碎，麻油熬熟、放涼，草果、茴香、縮砂仁、花椒、薑、胡椒諸味研末加入，再加蔥、鹽、醋，拌勻，與蟹共計十種食材，即食。

製作酒醃蝦同樣需要耐心。剪掉大蝦鬚尾，先用鹽醃半日，水分漬出，瀝乾，收入容器，多放花椒粒。平均每斤蝦用酒化開三兩鹽澆進去，封口貯存。春秋季節五、七日後開瓶即食，冬季要等到十天後才能醃好啟封。

肉包、素包、魚肉包子，應有盡有

宋室疆域偏南，隨著人口爆炸性增長，羊肉的人均供給量並不樂觀。豬賤羊貴，甚至皇室一度只吃羊肉，「御廚只用羊肉」以示階層有別。民間肉食更多依賴豬肉。

東京汴梁，每天下午，豬官們趕著數以萬計的豬從南薰門進城，作為這座人口逾百萬的超級城市一天的口糧。

北宋仁宗朝宰相晏殊寫給其兄的一封手帖提到，他家僕人平均每隔兩天就吃一頓豬肉，表示這是約束僕人儉省開銷的理財計畫組成部分，如果不吃豬肉，則予以同樣資費叫他們去買魚替換著吃。晏殊官至宰相，家僕或者比尋常人家吃得優渥。不過《能改齋漫錄》的作者吳曾將這則事蹟列入「節儉」類，可見在當時「兩天吃一頓豬肉」已經是罕見的戒奢省費的例子了。

走在汴京街上，隨處能買到熟食肉類、肉包子果腹解饞，足見豬肉供應量充足。王樓山洞梅花包子、曹婆婆肉餅、鹿家包子都是有名的字號，尋常肉包子十五文錢一個，餡料搭配豐富……

除了各種肉包、素包，還有魚包子。

鐵鍋的普及，讓炒菜技術更上一層樓

「炒」幾乎是今天最常見的烹飪工藝，但「炒」出現的時間遠遠晚於蒸、煮、烤。炒脫胎於將食材置於油脂加熱的煎熬之法。

《齊民要術》數次提到「炒」，比如「鴨煎」，去掉頭、尻、臟腑的鴨肉切丁，加蔥、鹽、豆豉汁炒透，吃前撒花椒末和薑末。還有「炒雞子」（炒蛋），雞蛋打在銅鐺裡，下蔥白、鹽、麻油炒。注意，炒菜用的是成本高昂的銅鐺，尋常人家根本沒法置辦。所以，炒蛋在當時算是相當稀罕的奇味。唐人也有炒菜，顧況的〈和知章詩〉：「鈒鏤銀盤盛炒蝦，鏡湖蓴菜亂如麻。」

炒菜技術至晚始於《齊民要術》成書的北魏，之所以一直未能推廣發展起來，主要限制因素還在於炊具。鐵質鑊、釜、鼎早已出現，但與多數銅器一樣，器壁太厚，成本也高，相較於炒，更適合煮和熬。

宋代，鐵鍋這一劃時代神器終於可以批量生產，雖然前期照樣售價不菲，不過素封之家、貴冑豪門、都市酒樓食肆，鐵鍋漸漸成為常規配備。鐵鍋引領了中國烹飪技術革命，乏味久矣的胃口終於迎來全新的精彩，先民迅速愛上這種炒出來的味道，各種炒菜百花齊放。

冬日，熟食鋪子將兔子去掉大骨，肉切碎，與蘿蔔丁、羊尾肉片，加蔥、醋、佐料爆炒，出鍋前，下入細麵條同炒，盛出。

這道兔肉羊尾麵，這就是從北宋一直火紅到元朝的「盤兔」，以麵絲盤於兔肉上，故名。和前文的「瓠羹」近似，麵條都是先炒後澆湯，而不是直接下鍋煮。

今天常見的煮熟的大塊肉、熟肝、肚肺、灌腸，汴梁街市上隨處可見。還有種種野味，野鴨肉、獾肉、狐狸肉。也有走街串巷，挑著食擔，專到那大酒樓、高門甲第之前叫賣的，替採買食材者省了去市場的腳程。城市裡的小資族，不願做飯，或沒工夫做飯，吃飯大多在外面搞定，彼時街肆飯館的菜品既多、口味又精，根本沒有回家開火做飯的必要[43]。

用鐵鍋烹調的宋式炒肉

材料：精選小牛犢肉、羊肉、蔥白。

作法：1、精瘦肉切成極薄的肉片，泡在醬油裡。

2、燒熱鍋，下肉片爆炒，略炒起鍋。

3、肉片經加熱變硬，切細絲。加醬瓜、糟蘿蔔、大蒜、縮砂仁、草果、花椒、橘絲、香油拌勻，再下鍋炒。吃時佐醋。

酒樓林立，菜色五花八門

宋人習慣用魚鱗熬凍，「滴酥水晶鱠」是當時的名菜。南宋陳元靚《事林廣記》裡有一味魚凍，用赤梢鯉魚鱗，洗淨了慢火熬煮，待湯濃時，撇去魚鱗，藉著冬月寒天，湯放冷凝，切塊，澆五辛醋。這種魚鱗凍是醒酒的好東西，黃庭堅醉酒後吃過一回，印象深刻，稱其為「醒酒冰」，其他酒徒紛紛表示貼切。

關於醒酒菜，宋人一部飄然出塵、清新脫俗的食譜《山家清供》也有一例。這

㊸（南宋）孟元老，《東京夢華錄》。

部食譜只收錄野味，不屑庸庖俗飣，處處透著漱石枕流的林泉味道：

石花菜泡軟，煮化成膠（就是今天的瓊脂），投入梅花幾十片，凝成凍後，切塊，薑末、鮮橙肉佐味，果然爽口。山裡人真會玩。

街旁小吃尚且繁榮如此，酒樓更不消說。汴京幾處大酒樓，長慶樓、八仙樓、會仙樓、唐家酒店，餚饌極豐。

羹湯有：百味羹、頭羹、鵪子羹、三脆羹、群仙羹、湯鴨、金絲肚羹、石肚羹；水產則有蝦蕈、肉醋托胎襯腸沙魚、兩熟紫蘇魚、炒蛤蜊、炒蟹、渫蟹、洗手蟹。

肉食有二色腰子、雞蕈、白肉夾麵子茸割肉、乳炊羊、羊鬧廳、羊角腰子、還元腰子、燒臆子、入爐細項蓮花鴨、簽酒炙肚胘、虛汁垂絲羊頭、入爐羊羊頭、簽鵝鴨、簽雞、簽盤兔、炒兔、蔥潑兔、煎鵪子、生炒肺。

當時的酒樓還允許小販進來兜售些熟食，有賣燒雞、烤鴨、鹿肉乾的，也有小孩賣鹹菜以及堅果零食的。酒樓本身主食供應有限，於是外來寄賣包子之類主食的生意往往不錯。

酒樓必有庭院，廊廡掩映，吊窗花竹，各垂簾幕。向晚燈燭熒煌，濃妝妓女，堂集廊上，以待酒客呼喚。絲竹唱和、推杯換盞聲，自日暮至中宵，蜩螗沸羹，響徹不夜城。

名人愛吃奇特的酒釀黃雀

宋人頗著迷於吃「鮓」（用鹽、椒等醃製而成的食品），肉類、蔬菜、魚類甚至蟶子都能做鮓。當然最聲名卓著的，還是「黃雀鮓」。

黃庭堅在〈謝張泰伯惠黃雀鮓〉裡對黃雀鮓讚不絕口，這種奇味的擁護者還包括宋徽宗朝的宰相蔡京，以至於晚年被貶南徙，京中家產抄沒時，搜出滿滿三倉庫的黃雀鮓。

蘇、黃、米、蔡四大家，起碼有兩位被這種東西征服。

《吳氏中饋錄》記載的黃雀鮓

作法：1、黃雀拔毛、清臟腑，裡裡外外用酒洗乾淨，不要沾水，擦乾。

2、麥黃麴、紅麴、鹽、花椒、蔥絲，混合成料。

3、黃雀入罈，一層黃雀一層料，壓得密實些，箬蓋蔑片封好罈口。

4、等鹵水被醃出來，倒掉，加酒沒過黃雀，密封貯存，隨吃隨開。

蔡京狼狽，另一位宰相寇準也曾在飲食上狼狽過。

寇準有酒癮，且海量，罕有人敵。罷相後居永興軍通判，遍招官吏、賓客善飲者共飲，只要能喝就可以來吃飯。即便如此，還是難得相捋的酒友。有官員日日應酬，喝垮了身子，寇準一向豪爽，以為劇飲千杯男兒事，不以為意，仍不斷催促來喝酒。該官員的妻子實在看不下去，投訴寇準，才救了丈夫一命。某天有個野道士投謁鈴閣，自薦能豪飲，寇大喜延入。道士說，酒碗太小，換罈子！一罈淨含量一斗（十升。宋代一升相當於今零點六五至零點七升，即七升酒），道士一飲而盡。

即使宋代蒸餾酒工藝尚不成熟，一口氣灌七升米酒，也非脹死不可。寇準又不是喬峰，自然甘拜下風。道士卻不依，說咱倆可是有約在先，我乾了，你不跟是什麼意思，不給面子？瞧不起貧道？寇準挺尷尬的，說自己實在喝不了這麼多。道士說，現在知道被人勸酒的滋味了？今後少勸人酒。言訖揚長而去。寇準自此改過，不怎麼勸人酒了。

關於寇準，素有「性剛自任」的評語，直腸直肚，又好飲酒，頗符合小說裡豪俠的形象。當年他與宋太宗論事，意見不合，觸及逆鱗，太宗振袖而起，眼看就要帶著一股子氣離去，寇準一把抓住太宗衣角，硬是將皇上拽回座位。歷史上若非皇權架空，敢拽皇帝的大臣恐怕寥寥無幾。也正是這樣的膽識，才有檀淵之戰前的力排眾議。太宗因此讚他「朕得寇準，猶文皇之得魏徵也」。

涮涮鍋與涼拌菜的流行

宋人食譜常見「焯」，間或有「汆」，這些在沸水中稍微加熱食材的方法。順理成章的，「涮」法也出現了。「涮」出現，火鍋還會遠嗎？

《山家清供》著者林洪遊武夷山訪禪師，風雪阻歸途，留宿山寺。晚飯前，林洪捉到一隻兔子，但寺裡無人會烹煮。還是禪師比較有經驗，說：「向得此獸，便薄切肉片，用酒醬、椒料作鍋底，風爐上燒半銚水，候湯沸，各人執筷子，自挾肉片入湯擺熟，啖之。」很明顯是涮火鍋。然老和尚酒肉不禁，這一番風雪留人，倒便宜了林洪的口舌。

古人醃菜醬菜極多，千百年傳承，形成了今天形形色色的醬菜體系和種類。如今，越來越多的醬菜手藝失傳，隨著健康飲食的提倡和速食化、飲食革新，傳統的醃菜醬菜不僅製作工藝正在消亡，餐桌上也漸漸看不見它們的影子。這裡略舉幾例宋朝的醃菜和涼拌菜：

鵪鶉茄：嫩茄子切細條，熱水焯過，瀝乾。下入鹽、醬、花椒末、蒔蘿、茴香、甘草、陳皮、杏仁、紅豆粉，醃入味後曬乾，蒸熟收納。吃時開水泡軟，入油炸酥。雖然作法稍繁瑣，味道是不差的。

糖醋茄：新鮮嫩茄子切三角塊，開水川燙過，擠出水分，放鹽醃一天。復曬乾，拌入薑絲、紫蘇，糖醋熬沸澆汁。宋人把這種食物貯藏起來，作為日常佐餐料理。

蒜梅：青梅二斤，大蒜一斤剝皮，炒鹽三兩，入瓶，開水放涼，浸沒以上。五十天後，倒出鹵水，再換過新水，七月後可食，梅無酸味，蒜無葷氣。

四月櫻桃熟，也到了吃筍的季節。《山家清供》的「山家三脆」，用嫩筍、野蕈子（野生香菇）、枸杞，加胡椒同炒，味道清奇。若圖方便，便在竹林摘了竹筍，直接就地聚葉生火煨熟，吃這口鮮味，叫作「傍林獻」。麵糊裡拌勻佐料，滾入嫩筍片，施油煎炸到金黃色，乾脆可口，叫作「金煮玉」。

蜜漬與甜點花樣繁多、精緻可口

蜜漬是貯存果蔬的好辦法，北宋還有一種「爽團」：

金黃色的杏子浸在水裡，取生薑、甘草、丁香、花椒、縮砂仁、白豆蔻、鹽、沉香、檀香、龍麝香，研磨成粉，撒入攪拌，曬乾，再撒香料。自是清新爽口，醒腦解乏。

南宋人王灼的《糖霜譜》，是中國現存最早的介紹蔗糖製取的專著。甘蔗種植北漸、面積擴大，製糖技術大成，各種甜點果子爆發式出現，點心之精、種類之繁，前所未有。素簽紗糖、冰雪冷元子、水晶皂兒、雞頭穰沙糖、荔枝膏、廣芥瓜兒、杏片、梅子薑、香糖果子、間道糖荔枝、金絲黨梅、澤州餳、糍糕、磴砂團子、香糖果子、蜜煎雕花、梨條、膠棗、桃圈、肉牙棗、海紅嘉慶子、林檎旋烏李、李子旋櫻桃、山楂條、西川乳糖、獅子糖……

數九寒天有火鍋禦寒，同樣的，溽暑時節，宋人有冰淇淋消夏。

回首先秦，只有王室能享用夏季的冰爽，千年後的北宋，終於在街市上開張。

盛夏，開封城烈日炎炎，是冷飲生意最好的時候，冷飲在當時統稱「冰雪」。街頭冷飲攤張著清布巨傘遮陽，擺列床凳桌椅。「冰雪惟舊宋門外兩家最盛，悉用銀器」，相當奢華。一碟冰雪下肚，塊壘盡冰釋。

「酥蜜裹食」、「天下無比，入口即化」，可惜沒有留下炮製方法。不過從另一種點心「糖薄脆」的作法，大約得以窺測：

> 五斤白麵，一斤四兩白糖，一斤四兩清油，兩碗水，加酥油、椒鹽揉和成麵糰，擀薄片，如酒盅口大小，撒芝麻，入爐烤，甜香酥脆。

這是前所未有的甜蜜朝代。精緻糕點，從金池夜雨，到蘇堤春曉，繾綣了多少旖旎夢。

京洛風華絕代人，化作西樓一縷雲。生在這樣的大宋，不知幸耶？悲耶？

「華夏民族之文化，歷數千載之演進，造極於趙宋之世。」這片土地上，無數公卿屠沽曾驕傲地活著，秦樓楚館間，朱門繡戶外，鐫刻著他們錦繡夢想和華彩人生。昔日繁華舊夢，今已盡為塵煙。八百年後，再回望燈火闌珊的煊赫王朝，一聲喟嘆，無比驚豔！

而刀工裡的風流，砧板上的江湖，酬酢間的大戲，隻言片語又豈能曲盡其妙。只好借一句國外先哲的箴勸：吃飯去吧，哪怕遠在中國！

元代——無「羊」不歡，鐵蹄下的豪邁

如果朝代有味道，元代一定是膻的。世界上唯愛和羊肉不可辜負。「說起吃羊，」元人對宋人、唐人、英國人哂笑道：「在座的各位都是小兒科啦。」

元人極嗜羊肉。當時羊肉的量詞不用「斤兩」，而是用「腳子」。腳子是個約量詞，今天東北內蒙一些地區還習慣用腳子估量肉類。「一腳子」最大可以指四分之一口羊，最小則指一塊肉，差不多可以理解成「一大塊」。

一腳子羊肉切碎，加五枚草果、半升去皮搗碎的鷹嘴豆熬湯。羊肉煮熟後，撈出剁成餡料，一錢陳皮、一錢白生薑，以及其他佐料拌入攪勻。在甘薯玉米傳入之前，常被用來作為澱粉的芡實磨粉與豆粉相和，擀成薄皮，草原特色與中原傳統麵食相遇，就成了這味「雞頭粉餛飩」。

八百年前，蒙古騎兵東征西討，開闢出有史以來疆域最遼闊的帝國，食物流轉變得更方便、更頻繁，眾多異域食材及其烹調方式傳入漢地，鷹嘴豆煮羊肉就是其中之一。鷹嘴豆原產中東，直到今天，鷹嘴豆泥仍然是以色列、黎巴嫩、巴勒斯坦等國家地區最常見的食物。蒙古人把吃鷹嘴豆的習慣帶到中原，並對整個漢地飲食產生了階段性影響。

烤羊排

元人極嗜羊肉，翻看元人菜譜，一眼都是羊肉。烹飪的方法極為簡單粗暴——火燎者十九，鼎烹者十二三。

完整形態的鷹嘴豆質地偏硬，並不討食客的喜歡，中東人將豆子煮熟，與檸檬汁、蒜、橄欖油混合，研磨成泥，原本生硬的口感，立即化作柔順絲滑，帶著香濃和淡淡清新，纏綿於唇齒間。

草果是另一種經常出現在元人燉羊肉裡的佐料。事實上，在今天燉煮界，草果的應用仍然相當廣泛，我們有時會在肉湯、麵條或者火鍋鍋底裡撈到一些橢圓形的果殼，十有八九就是草果。

草果這名字看上去陌生，那麼說到「豆蔻」，則一定耳熟能詳得多。草果是豆蔻的一種，與豆蔻家族大多數成員一樣，它最適合與燉肉搭配，用來中和肉類的腥膻。

「馬思答吉湯」，從名字到作法，無不充滿了異域風情。一大塊羊肉、草果、肉桂、去皮搗碎的鷹嘴豆一同熬湯，待到羊肉燉熟，撈出肉塊，再下煮熟的鷹嘴豆、香粳米、馬思答吉、鹽，放肉塊、香菜。

包餛飩、燉肉湯用羊肉並不稀奇，稀奇的是元人做大麥茶、熬粥也非羊肉不歡。看來在元代，養羊絕對是個賺錢的行業。

先看看羊肉版的大麥茶，羊肉一腳子和草果同燉，肉熟撈起，兩升大麥仁煮微熟，下入羊肉湯，加鹽煮熟，最後放入羊肉。

還有將羊肉切碎熬湯，加黃粱米、蔥、鹽的吃法，元代人稱為「馬乞粥」。

「撥魚兒」也叫「剔尖」，撥和剔指製作這種食物的手法，北方人將一縷縷麵糊挑入開水煮熟，形狀似魚。元代的「玲瓏撥魚」，將肥牛肉或羊肉碎切，在麵糊裡攪勻，湯匙撥進開水。面浮而肉沉，即是玲瓏。次下鹽、醬、椒、醋調味。隆冬時節，一碗熱騰騰的撥魚兒，是暖身驅寒的上乘料理。

餡料豐富、好吃又好看的兜子

與宋代一樣，元代的饅頭也多是有餡料的，只是作法粗獷。比如「黃雀饅頭」：黃雀褪毛，去掉頭和翅膀，與蔥、花椒一道剁碎，加鹽拌和，塞進黃雀腹腔。裹麵粉做成長捲形狀，蒸熟。可以即食，也可以糟一下（酒醃）再油炸。咬一口饅頭，一嘴的碎骨頭渣。

元朝多部食經裡出現一種叫「兜子」的蒸製類主食。與包子的區別在於，兜子以麵皮兜著餡料，不需要捏合封口，所以餡料往往更多。《居家必用事類全集》認為，兜子就是唐人的饆饠。

色香味俱全的荷蓮兜子

材料：三大塊羊肉切碎、兩個羊尾切碎、八兩芡實米、四兩巴丹杏仁、八兩蘑菇、一斤杏泥、八兩核桃仁、四兩開心果、一兩胭脂、四錢梔子、兩斤素油、八兩生薑、羊肺羊肚各兩副、小腸一副、四兩蔥、半瓶醋、少許香菜。

作法：1、上述食材全部攪拌均勻，製成餡料。

2、取四斤豆粉，打三十個雞蛋和麵成麵皮。

3、將麵皮鋪在碗裡，盛裝餡料，皮子向內掩合，入鍋蒸。因形似荷花吐蓮蓬，故名。

4、蒸熟後，將八兩松黃浸水成汁，澆在上面。

海陸雙拼的蟹黃兜子

作法：1、三十隻蟹，蒸熟，只取蟹肉備用。
2、一斤半生豬肉，細細切片或切絲。
3、五枚鴨蛋黃，用香油炒過。
4、以上三種，與花椒粉、胡椒粉、薑絲、橘皮絲、蔥花、二兩麵醬、一兩鹽，以及其他佐料用麵粉勾芡，拌勻，製成餡料。
5、碗裡鋪一張粉皮，放進上述餡料，蒸熟即可擺盤享用。

還有前面章節提到的荷蓮兜子餡料豐盛，一口咬下，百媚綻放，舌上生蓮。於當時的饕客而言，這樣的美食，宛然便是蓮華世界。

從以上兩例可見，「兜」介於主食和蒸菜之間，吃前澆淋芡汁，也與今天一些蒸菜吃法相仿。

用麵包的製作手法做餃子

因襲了宋人的稱呼，餃子在元朝仍稱「角兒」。元仁宗朝，宮廷司膳御醫忽思慧進獻的食療專著《飲膳正要》記錄了一種能呈上御前的「水晶角兒」：豆粉擀成皮，羊肉、羊脂、羊尾、蔥、陳皮、薑做餡料，出鍋的餃子玲瓏剔透，宛若水晶。

元朝人常常在和麵的時候加入酥油、奶和蜂蜜，就算餃子也不能倖免。他們別出心裁的在包餃子時融入了麵包工藝：每兩斤半麵粉，入一斤酥油，加鹽，冷水和麵，包好的餃子並不水煮，而是烤著吃，叫做「駝峰角兒」。這又是一例得益於元朝廣袤疆土，東西方代表性主食製作工藝交融的典範。

蜂蜜和酥油做餅，則更常見。羊肉、乳製品、酥油的應用，大概以元朝為最，也成為這個享壽不永的游牧帝國留在漢地飲食基因裡的烙印。

糯米、蜂蜜、酒醅（固態發酵法釀造白酒時，窖內正在發酵或已發酵好的糧食）、白餳（麥芽糖）和麵，擀極薄，入油炸，出鍋後撒白糖和麵屑。餅之脆，風吹輒化，故名「風消」。

「煎餅」在今天有著多樣的形態，但在魯南人的心中，煎餅，永遠是一張張如同紙片的樸素主食，記錄著千滋百味的生活。穀麥研磨過程中加入水，製得麵糊，平攤加熱成型。貯存期長、易攜帶、百搭，使得這種味道無奇的主食得以享有綿長的生命力。

元代已經出現了類似煎餅果子的食物，配置則遠勝煎餅果子。羊肉切片沸水略川燙，羊脂切小塊，生薑末、橘皮絲、杏仁、鹽、蔥白剁成餡料，再加入筍乾，捲進煎餅，兩頭麵糊黏封，油煎至微微焦色，佐五辣醋（五味辛辣食材調和的醋）。

攤薄煎餅，核桃仁、松仁、桃仁、榛子、嫩蓮肉、柿乾、熟藕、銀杏、熟栗子、芭欖仁，切碎，澆上厚厚的蜜糖，加碎羊肉、薑末、鹽、蔥，調成餡料，捲進煎餅，油炸到兩面焦黃。濃香的堅果，鮮嫩的羊肉，酥脆的外皮，曾經讓無數食客陶醉其中，這是煎餅的變種——「青捲」。從所用食材和烹飪方式來看，即使列入今天的點心行列，也是極具競爭力的美食。

烤羊肉講究不同部位不同烤法

元朝人有一套烤羊肉規則，羊的每個部位烤法各有不同。

羊前腿：先煮熟再烤。

肋排：生烤。

黃羊肉：煮熟了烤。

苦腸（小腸的一部分）、蹄、肝、腰子、膂肉（里脊肉）：生烤。

羊耳、羊舌、黃鼠、沙鼠、土撥鼠：生烤。蒙人偏居漠北，尚未南侵中原時，肉類供給並不充沛，土撥鼠是日常食用肉類的重要來源之一。

全身羊（去了內臟的全羊）：掛爐烤。

一份成功的烤羊肉，離不開構築複合口感的佐料：油、鹽、醬、香料、酒、醋等調配成蘸料，隨著烤肉翻動，均勻塗抹。

火腿的出現，很可能早在唐代。到元朝時，金華火腿已經馳名天下。

《易牙遺意》所載元明時期的火肉（火腿）

作法：1、新宰的豬，取四條腿，趁肉體尚溫，按照肉與鹽十比一的比例，用鹽均勻塗抹。手工按摩揉搓到肉質綿軟，令肉的纖維充分吸收鹽分。

2、以石頭壓在竹柵上，在缸裡放二十天，期間要翻動三到五次，讓它充分入味。

3、二十天後取出掛起，點燃稻草煙燻，賦予特殊的味道。燻製的過程往往會持續一整天。

生食內臟與切片冷盤

中國人愛吃動物下水（內臟），如今吃下水吃得講究，各大菜系均有代表作。但在元朝，動物內臟多半是趁新鮮生吃！

生肺：獐肺最好，兔或山羊次之。倘若沒有趁手的器具，就用嘴巴咂盡血水，使肺如玉片。冰鎮後，韭菜、蒜泥、乳酪、生薑、鹽調成汁倒進冰鎮的肺裡，端上筵席，切塊分食。這道血淋淋的生吃肺，在當時卻是難得一嘗的大菜。

琉璃肺：閹割了的公羊（羖羊）肺，同樣是生食。調味汁換成杏泥、生薑汁、酥、蜜、薄荷葉汁、乳酪、酒、熟油，灌滿冰鎮的肺。想想看，你從冰箱拿出一塊冷凍成冰疙瘩的羊肺，哆哆嗦嗦蘸著薄荷吃，還得喝酒……

咱們還是吃熟的吧。

聚八仙：冷盤。熟雞肉切絲，襯腸（豬小腸）燙熟剪成細絲——如果沒有的話，熟羊肚絲也可以。還有熟蝦肉、熟羊百葉絲、熟羊舌切片、生菜、油、鹽揉糟薑絲、熟筍絲、藕絲、香菜、芫荽擺盤。澆醋或芥辣（芥菜的辣汁）或蒜泥。

川炒雞：辣椒傳入之前，四川人是這樣炒雞肉的。雞剁塊，油熱鍋，與蔥絲、鹽一起，炒到七分熟，加入醬以及研成末的胡椒、花椒、茴香，添水和酒，煮熟，爆炒收汁。這道菜和辣子雞的區別似乎只在兩百多年後傳入的辣椒而已。

炙羊腰：見識一下元代的小資零食——烤大腰子。羊腰子一對，浸入加鹽的玫瑰汁醃片刻，蘸藏紅花汁液烤熟。沒有孜然，沒有辣椒，沒有胡椒，用的卻是玫瑰汁、藏紅花汁，你可以想像一下彪形大漢像塗指甲油一樣從瓶瓶罐罐裡取出帶著淺淺花香的羊腰子，細細炙烤的樣子。熬粥放羊肉，然而烤腰子卻顯得清新雅致，真是奇葩的吃法。

薑黃腱子：豆粉、麵、番紅花和梔子以鹽、調味料製成麵糊，羊腿肉和肋排沾裹後油炸。

鼓兒簽子：五斤羊肉，碎切；一個羊尾，碎切；十五個雞蛋；兩錢生薑；二兩蔥，切碎；去白的陳皮兩錢；其他香料三錢；一斤豆粉；一斤麵粉；一錢番紅花；三錢梔子。所有材料和勻，塞進羊腸煮熟，切段。番紅花和梔子泡水取汁，與豆粉、麵粉調成糊狀，裹羊腸油炸。形狀似鼓，於是得名「鼓兒簽」。

川燙青蝦與貝類，單純的鮮美

此一時期，水產的烹飪，也有了新花樣。

江浙一帶做醬蟹，取雌蟹百枚，洗淨控乾，肚臍塞滿鹽，仰放入容器。二斤醬，加一兩椒末、一斗好酒，澆在蟹上，浸沒密封。天氣冷時，約二十天後即成。

吃蛤子，從來與繁瑣的工序無關。古人提倡水產生食，以保其天然風味。江南流行的吃法則是：熱一壺酒，撬開蛤子殼，將滾燙的烈酒澆在蛤子肉上，不需搭配任何佐料，即可食用，味道極鮮。今天好些地方吃蛤子，還是保有類似的習慣，熱水燙過即食，別有鮮味。

汆青蝦同樣如此。青蝦去頭，留尾，蝦尾上縱切一刀，使稍連而不斷，用蔥、花椒、鹽、酒醃製。蝦頭則保留，搗碎熬湯，濾去渣滓。蝦肉入湯稍汆殺菌，不需等汆熟，取出佐筍片和糟薑片同食，在保證食用安全的基礎上，盡量保留了蝦的本味。筍的清爽，薑的辛辣，蝦的鮮美，相得益彰。

而臊子（肉燥）蛤蜊，則讓我們彷彿看到了旅居江南的陝西廚師的創意。古來車馬慢，離鄉，有時就是永訣，江左風物迥異秦川，不知道發明這道菜的廚師，是否從濃墨重彩的臊子味道裡，找回了夢裡的黃土高原。

融合南北方料理的臊子蛤蜊

作法：1、豬肉肥瘦各半，剁小丁，用酒煮到半熟盛起。

2、以上述食材加醬、花椒、縮砂仁、蔥白、鹽、醋調勻，綠豆粉勾芡，再煮，湯一開就盛出，此為「臊子」。

3、蛤蜊煮熟，去殼取肉，盛滿一大碗，澆臊子。

魚和羊肉的搭配，從來都是經典，嗜羊的元人更擅此道，他們在炸魚丸裡用到了羊肉。元代的魚彈兒，用十尾大鯉魚，去皮剔刺，剁掉頭尾；羊尾兩個；一兩生薑，碎切；二兩蔥，碎切；三錢陳皮末；一兩胡椒末；兩錢阿魏。魚和羊尾剁爛成泥，薑末、蔥花、陳皮末、胡椒粉、阿魏和肉醬拌勻，搓成丸子，油炸。

充滿文青氣息的無酒精飲料

讓我們來看幾種充滿文青氣息的無酒精飲料。

粱稈熟水：水稻稈（即莖）心，水浸泡，曬乾。用時，先以火微烤，然後澆兩遍熟水，第三遍燙出來的才是熟水。熟水帶著稻香氣，據說是當時的代茶飲，因為茶葉供應量有限，於是有了渴水、熟水，豐富了飲料的種類。用糯稻稈沖的熟水，解口渴、還能治頻尿。

天香湯：八月，白木犀（銀桂）盛開。早早起床，趁晨露未晞，採帶露水的木犀花，拗去蒂萼，入淨瓷器，搗爛成泥。再放木犀一斤、炒鹽四兩、炙過的粉草二兩，拌勻，密封，曬七日即成。用時挑出花泥，沸水沖化，一室馥鬱。

茉莉湯：蜜、甘草、生薑各少許，研磨。凌晨的茉莉花二、三十朵，蓋在蜜上，以其香氣燻之，至午間可用。為了中午能喝到花茶也是拚了，半夜起來採茉莉。

暗香湯：梅花將開未開之際，平明時分，摘取半開者花頭，連蒂一起入瓷瓶，每一兩花灑一兩炒鹽，不可沾手。厚紙數重密封於陰涼處，次年春夏開封。先於杯盞內注入少許蜂蜜，取兩三朵梅花置其中，沸水沖泡，花開如生。

明代——麵食逆襲，家常菜百花齊放

明清兩代，是生孩子最瘋狂的時代，人口增速之快，增幅之大，放眼整個中國古代史，絕無僅有。明朝初年，全國人口約有六千萬，兩百多年後，此一數字已經逼近二億，幾乎是同一時期歐洲人口的兩倍。

那個時期，熱戀中的小情侶規畫未來，並不會討論去哪裡旅行、在哪裡買房、入手什麼價位的車。一個有責任心的小夥子，應該是能扒拉著手指頭，準確計算出家裡耕地面積、畝產和稅後所得，然後判斷未來到底要生幾個孩子。

我跟你談愛情，你卻只想著生孩子？

這樣的意識，可能與今人價值觀有所出入。但是在農耕社會，孩子生得多，意味著未來的生產力有所保障，意味著會有更多勞動力幫助家裡年長的男丁——比如父親，承擔農活，生產更多的糧食，以增加全家人的生存機會。如果出一兩個讀書的好苗子，在科場上有所斬獲，走上仕途，光耀門楣，封妻蔭子，則更不啻於抽中大獎。

要提高生產力，為什麼不養耕牛？

實際情況是，養牛比養孩子開銷更高。

在那個時代，農戶養孩子，不需要承擔高昂的學費，也通常不會費心置辦玩具零食。僅僅計算口糧成本的話，大型牲口的飼料不僅更貴，而且丟失（比如被偷走、殺掉吃了）、疾病普遍，所以養牛是件勞心費力的苦差事，除非有大面積耕地，否則飼養耕牛並不划算㊹。

各式麵點廣受南方人歡迎

生孩子的勇氣，來自養孩子的底氣，直白來說就是，家裡的飯夠吃。

明朝政府鼓勵農民墾荒，耕地面積進一步增加。從宋代起，中國南方開始在水稻收割後種植小麥，形成「稻麥連作」，北方的麵食，隨著北人南遷以及小麥的普遍種植，迅速被南方人接受。甚至在明代一些時期，稻米價格太高的時候，南方人會戰略性地放棄米飯，轉而吃麵。

麵條無疑是最受歡迎的麵食之一。浙江嘉興人周履靖在他的美食專著《易牙遺意》裡記錄了當地「肉臊子麵」的作法，顯然深受西北臊子麵的影響。

另一種「水滑麵」，則幾乎是西北扯麵的翻版。小塊麵糰經過醒發，水分子滲入澱粉顆粒，黏連成網狀結構的蛋白質韌性大幅增強，耐拉扯。芝麻醬、杏仁醬、鹹筍乾、醬瓜、糟茄子、薑、醃韭菜、黃瓜絲、煎肉組成豐盛的澆頭。從江南到西北，超過一千公里的路程，有時，只是一條麵的長度。

今天，南方麵條形式之豐富，已經完全不輸北方。鎮江鍋蓋麵、宜賓燃麵、四川擔擔麵、杭州片兒川……這種原本再普通不過的小麥衍生食品，在不同的烹飪語境裡，演化出無盡的可能。

飯館提供祭祖供品出租服務

中國人對於「吃」的智慧，體現在生活的每一個細節，積累並代代相傳，便是寶貴的經驗。

冬季，蘇州人開始舂米存糧。之所以選在冬季舂米，不僅僅是春天後農務繁忙，時間難以安排的緣故。以老農們的經驗，春季回暖，稻米胚芽萌動，米粒結構變得鬆散，因此舂米會出現大量破損消耗。冬季米粒則結實的多，損耗較少㊺。

「精粹」這個詞，常被用來形容「群體中最好的」。精、粹二字，皆帶米字旁，是因為其本意都與米有關。稻米脫殼舂磨，磨得越細，越接近米芯，質地越剔

㊹（明）宋應星，《天工開物》。

㊺（明）陸容，《菽園雜記》。

肉臊子麵

《易牙遺意》記載：「切丁的嫩五花肉，
兌酒煮到半熟，胰脂研磨成膏，拌醬下鍋，
再下香椒、縮砂仁、蔥白爆炒，出鍋前以
綠豆粉勾芡。」

透，色澤宛若青玉，故「精」字指細細舂磨的上等好米，也叫「晶米」，古代天子所食，通常就是這種米；進獻天子的米粒需經過人工挑選，千挑萬選後，再也挑不出毛病的極致好米就叫「粹」。

這也就解釋了孔子「食不厭精，膾不厭細」的意思——不要排斥把時間花費在舂米和切膾上，時間很奢侈，除非用來享用美食。

相較於精粹，普通人過日子，更奉行節儉。

明代的江西民風尚儉，生活諸事均可見其證。比如吃飯，按照當地普遍的家訓，第一碗飯不許吃菜，若要吃第二碗時，才能用少許配菜，叫作「齋打底」，這才是「有了這道菜，我能多吃一碗飯」的原始和正規版本。

另外，買肉最好買內臟下水，因為此物無骨，不會浪費。祭祀祖先神靈的供品，是從飯館租來的，用完了還要還回去，名目叫「人沒分」[46]。食物出租，原來還真的存在過這種生意，這應該是最早的共享經濟了。

46（明）陸容，《菽園雜記》。

美洲作物解決了災荒與糧食不足的問題

節儉自有節儉的原因，如上文所說，明代人口爆炸式增長，為整個社會帶來了極大的糧食壓力。惡劣的氣候，則加劇了糧食問題。

按照中國歷史上曾風行一時的「五德始終說」，明朝屬於「火德」，然而實際上，明代卻是個寒冷的時代。明代處於歷史上較近的一個小冰河期——「明清小冰期」的開端，在明代的地方誌裡，屢屢可見江南遭遇極端嚴寒的記載，廣東甚至曾積雪盈尺㊼，這在歷史上極其罕見。

受此影響，明代降水普遍偏少，旱災、霜凍頻發，尤其到明朝末期，全國氣溫下降至接近六百年來最低點，有些地區的最低溫甚至比近代我們見到的最低溫度還要低攝氏五至七度。天災造成糧食減產，苛政強迫賦稅增加；明朝末年，老百姓的日子並不好過。

好在及時引進了強大的外援。原產美洲的神奇四俠：玉米、番薯、馬鈴薯、花生傳入中國，一些不適宜種植水稻和小麥的土地被這些耐旱的新作物啟動。而且正如我們之前章節提到的，這些食材成熟後，幾乎不需要加工，加熱即可食用，簡直顛覆了此前中國人對於糧食的認知。

儘管明代，玉米、番薯的種植面積有限，但仍然在那些最艱難的歲月，給予了先民有力的支持。

從吃茱萸到採野菇

另一位強力外援，幾乎也是冬季禦寒的最好食材——辣椒，大約在同一時期，從東南沿海進入中國。

最初引進辣椒，目的和引入向日葵一樣，只是為了觀賞，而不是拿來吃。不過，火龍注定不能被當成貓來養，何況凜冬已至。當辣椒進入湖南、四川，立即喚醒了兩大吃辣聖地沉睡已久的神經，狂歡開始了。

四川人一向喜歡吃辣，辣椒傳入前，他們吃茱萸，就是王維遍插之後發現少一人的茱萸。中國人常說的茱萸有三種，山茱萸、吳茱萸、食茱萸（椿葉花椒）。

三者相比，山茱萸和另外兩種顯然不是一路：山茱萸的果實像聖女小番茄，沒有辣味，多分布在中國北方；吳茱萸和食茱萸則比較相似，生長在南方，果實有點像花椒，辛辣十足。

古人常常混淆吳茱萸和食茱萸，有時大概他們自己也搞不清吃的是什麼。四川

㊼（明）郭棐，《廣東通志》。

人還會用茱萸泡酒，南宋詩人范成大曾在四川任制置使，他記錄四川見聞的《成都古今記》說，蜀人喝酒總要往酒裡投一枚茱萸，頃刻間便滿杯濃香。

在四川西部，食茱萸常常與山茶花相伴而生，進山採茱萸的人，可能會遇見另一種精靈般的食材——香蕈（香菇）。

野生香蕈，可遇不可求。時節一到，山民便會動身，步行走進山林最深處的陰溼地帶，砍倒乾心木或橄欖木，在樹皮上削出一個個口子，作為蕈子生長的「蕈砧」。

野生蕈子生長極慢，需要三年才能長成。立春後，地氣上升，雷雨震動，蕈子勃然而生，此時入山，採集三年前的蕈子。秋冬之交的時節，用力敲打樹幹，蕈也能生出來，這叫「驚蕈」，雨後蕈子生得尤其旺盛。

新鮮野菜的採摘與烹調

有些野味的獲取，則方便得多。儘管在明代，中國已經擁有與今天數量相捋的蔬菜品種，但民間仍然有著採食野菜的習慣。

茉莉嫩葉洗淨，與豆腐同燉，飄然出塵。

薺菜洗淨，加米、水、生薑，搗碎拌勻，澆麻油，煮熟，起鍋前加少許鹽醋，這種吃法叫作「東風薺」，對於嗜吃薺菜者，味道猶勝海陸八珍。

夏季竹林，有機會看到一種形態奇特的植物——竹笙，也叫竹菇。這種菌類表面常附著一層惡臭黏液，烹製前切掉此頭，洗淨黏液，剩下的便是不世美味。竹笙芙蓉湯，作法簡單，蒸好的雞蛋羹裡，倒入加鹽略煮的竹笙。沒有什麼佐料，食材也只有兩種而已，足以構建出雲淡天清的鮮美。

今天，常常出現一些沉寂許久的野味突然興起，並被賦予奇特養生功能的現象，牛蒡就是一例。在明代，牛蒡是被當作蔬菜來吃的。洗淨稍煮槌碎，以鹽、醬、蒔蘿、薑、花椒、油浸兩天，收起焙乾，味如肉脯。

採割刺椿頭，要小心它樹身的尖刺，沸水川燙過，加鹽曬乾，吃時拌芝麻。

還有灰莧菜、鵝腸草、看麥娘、狗腳跡、地耳、蠶豆苗……野菜的故事，三天三夜說不完。「靠山吃山」，放眼望去，滿山蔥鬱，遍地野菜，盡是自然慷慨的饋贈。相信山有靈、水有龍，對自然規則的尊重和景仰，總會獲得豐實的回報。

曆法，正是人類記錄自然，標記時間的標準。中國人最初制定曆法，用來指導農事。春耕夏耘，秋收冬藏，行止飲啜之間，無不凜遵時間的節奏。醃和醬，是時間對食物施展的魔法，醃醬類食物對古人的重要程度，今天難以想像和類比。如今的餐桌上，越來越難見到醃菜、醬菜，但在漫長的歲月裡，它們曾是維生素的重要來源，古人甚至會為了醃製一罈鹹菜而查黃曆。

關於做醬，明朝江浙一帶同樣存在神奇的傳說，人們認為曬醬時應避彩虹，因為虹妖會偷吃人類的醬料。

炒菜用的油講究且多變

醃製也適用於肉類，豬、牛舌：每斤用五錢鹽、一碗酒，川椒、蒔蘿、茴香、麻油少許、蔥白切絲，一同醃五天，懸掛當風處陰乾，吃時煮熟，便是極好的下酒菜。

當然，喝酒是件隨興事情，往往等不得。所有的烹飪方式中，炒，往往是速度最快的。明代人爆炒羊肚，同樣沒有繁瑣的工序。備兩口鍋，一鍋煮水，一鍋烹油。羊肚洗淨切絲，先入沸水略川燙，取出控乾，迅速落油鍋爆炒，起鍋前加蔥、蒜片、花椒、茴香、醬油、酒、醋。

油，是影響風味的關鍵。明代人不再像前人一樣使用動物油脂，植物油的廣泛應用，讓明代的炒菜，越來越接近今人習慣的味道。

問世於晚明的《天工開物》，首次以系統的、統計的方式記錄了到明代為止中國古代重要的農業和手工業生產，書中按照品質、出油率等指標，為十餘種油料作物排名。

在作者宋應星看來，當時最好的植物油，來自胡麻、萊菔子（蘿蔔籽）、黃豆、菘菜子（白菜籽），其次是蘇麻、油菜籽，再次是茶籽、莧菜子，最差的是大麻仁。芝麻小磨香油也於此時問世，食物的味道越來越豐富。

麵點師傅一定是鍾愛植物油的，動物油烤製的麵點，胃口再好的食客，恐怕也吃不下太多。

來看看明代幾種點心的作法：

松子餅：用酥油六兩、白糖鹵六兩、麵粉一斤，化開酥，傾入糖鹵，麵粉和勻，揉成麵糰，擀平，撒松仁烤熟。

椒鹽餅：二斤麵粉，半斤香油、半兩鹽、一兩上好的椒皮、半兩茴香，以及熟芝麻，一同和在麵糰裡，捏薄入爐。

芝麻糖：它在當時有個奇怪的名字，叫「澆切」。糖鹵下鍋內熬到拉絲狀態，撒炒，攪勻。案上鋪滿炒芝麻，將糖鹵潑在上面，候冷切塊。

讓外國人驚艷的佳餚美饌

西元一四八八年，一艘朝鮮船隻遭遇風暴，流落中國海岸，得到當地官府的救助。朝鮮人崔溥記錄了大明官府設宴款待的食物，包括：一盤豬肉、兩隻鴨子、四隻雞、兩條魚、一壺酒、一盤米飯、一盤核桃、一盤蔬菜、一盤竹筍、一盤麵條、一盤豆腐、一盤棗[48]。考慮到崔溥並不是代表朝鮮的使臣，這份食單，大約只是地方官府提供給普通外賓的標準，因此不見得奢華，卻夠務實。

當時的歐洲人對中國食物則更好奇，來自新興海上強國葡萄牙的傳教士加斯巴（Gaspar）驚嘆於中國人吃青蛙時嫻熟的剝皮技巧、豐裕的水產和低廉的物價，他在著作《中國志》裡記錄了林林總總的日常所用食材，蕪菁、蘿蔔、甘藍、大蒜、荔枝、李子。

大明王朝的海禁，沒能阻止越來越多西方人遠渡重洋，來到這個傳說中富裕神祕的東方古國。當裝載著玉米、馬鈴薯、辣椒的海船停泊靠岸，熙熙攘攘的港口，無論水手、腳夫、商人還是官員，恐怕都不會料到，眼前正在搬卸的食材，未來將大大影響，乃至改變世界上人口最多的國家食物格局。更料想不到，兩三百年後，這個曾經領先世界的強大文明，會為他的故步自封吞下屈辱的苦果。

中國飲食史的近乎半數內容，是由外來物種和工藝書寫而成的。在那些強大的時代，中國人從不排斥對外交流，包容一切的胸懷，成就了包容一切的胃，吃遍宇內，囊括大海和星空。

清朝──四大菜系成型，味蕾版圖確立

常常見到一些街頭小吃聲稱歷史悠久，起源於清代，甚至來自某位皇族──大多指乾隆或慈禧的故事。「相傳乾隆下江南，一日路過某地，品嘗了某種食物，拍案叫絕，欽賜〇〇〇之名」。這樣的情節，差不多被套用到了所有地方特色小吃身上，似乎乾隆皇帝自打出宮後就再沒回過紫禁城，這輩子的時間都用來旅行吃飯，以及幫各種美食題字賜名了。

乾隆帝沒去過的地方怎麼辦？沒關係，西北有左宗棠，西南有曾國藩，誰的家鄉還找不出幾位歷史名人？

拋開較真和調侃，這類現象反映出清代飲食對今天飲食文化的巨大影響。

如今的中國飲食格局，包括漢族「四大菜系」──代表北方的魯菜系、代表江南的淮揚菜系、代表華南的粵菜系、代表西南的川菜系，多在清代成型。

換句話說，我們平時吃的家常菜，多半也曾出現在清人餐桌上。

㊽（明）崔溥，《漂海錄》。

從紅燒肉、荷包蛋到八寶鴨

比如紅燒肉。今人做紅燒肉，為了使肉著色，許多地區會選擇炒糖色。但翻看清人食譜，發現他們總是排斥使用糖色。對他們而言，更好的選擇是醬油和紅麴（炒糖色的燒肉，清人稱為「蘇燒肉」）。燒肉講究火候，所謂「緊火粥，慢火肉」，文火慢燒。起鍋時間也要把握得當，早則肉塊發黃，遲則偏紫，待到紅如琥珀時出鍋，肉塊不見鋒稜，入口而化最妙。

又比如常見的沖蛋花，按照清代人的作法，蛋液裡加白糖，沸水沖開後，還要求隔水燉一會兒，這樣做有進一步殺菌的作用。（沖蛋花在當時有個古怪的雅稱，叫「楊妃蛋」，但不知道跟楊貴妃有什麼關係。）

有沖蛋花，自然有雞蛋羹。不需要繁複的佐料，一撮鹽，足以犒勞胃口。皮蛋、荷包蛋、蛋捲，同樣能在清人的文字裡覓得蹤跡。

八寶鴨出自蘇州本幫菜，如今魯菜、川菜各有衍生版本。

上海八寶鴨中外聞名，帶骨開背，腔子裡填入筍丁、芋頭、鹹肉、火腿、冬菇、蓮子、蝦米、糯米，上籠蒸兩三個小時。整鴨上席，揭蓋的一剎那，幾個小時間各種食材所醞釀積攢的濃香勃然湧出，席捲在場的每一味食客。

但清代八寶鴨作法卻並非採用食材套食材的「釀」法，而是鴨子斬塊，搭配香蕈、木耳、筍片、火腿片、蓮子、醬油和酒慢煨。

鴨子腹腔填餡料，清代叫「瓤鴨」，這名字倒是更具形象：整鴨去頭，抽掉翅骨，掏除內臟，蓮子、松仁、糯米、火腿丁、香蕈、筍丁、海參塊包在鴨子裡，慢火煨熟。這種以食材為容器的烹飪方式，早在先秦就已出現，我們之前提到的炮豚、蟹釀橙、燜羊胃都屬此類。

瓤鴨另一種吃法，「蜜鴨」，更適合甜食黨：鴨腹塞滿糯米、火腿和去皮去核的紅棗，鴨子表皮厚厚刷一層蜂蜜，上甑蒸熟。

煨鰻魚與蟹殼蒸蛋

鰻魚是非常奇葩的生物，這種無論烤還是紅燒都十足誘人的美味，有著傳奇般轟轟烈烈的一生。

鰻魚出生在海裡，當牠們還是蝌蚪一樣的小魚苗時，就要隨洋流漂上半年之久，洄游到陸地附近的淺海或者淡水水域，安安穩穩以單身狀態過完前半生。成年後的鰻魚，有一天會忽然感受到愛的召喚，於是奮力游入鯨波萬仞，躲過無數兇猛的食肉生物、人類的魚網以及深海中莫可名狀的恐怖，跨過數千海里，來到馬里亞納海溝（世界上最深處）戀愛、產卵，然後立即死亡。

為了愛情，遠渡重洋，葬身大海，每一條鰻魚的尋愛之旅，都不啻於一部驚險刺激的冒險大片。

鰻魚的吃法，今天最聞名於世的，莫過於日本鰻魚飯。背部下刀切開鰻魚，上火烤炙，翻動間，均勻塗刷蒲燒醬汁，隨著油脂滲出，魚肉焦黃，一塊多汁的蒲燒鰻魚就可以入口了。

清代料理鰻魚，更習慣「煨」——小火加熱，以湯汁濃稠醇厚、食材酥軟為目的的烹飪工藝。「紅煨鰻」，酒、水、甜醬熬乾湯汁，使滷味盡收入魚肉，加茴香、香料起鍋，肉酥而不碎、入口即化。另一路作法，鰻魚切段先油煎，倒黃酒、花椒煨到半熟，再加香油、蒜、鹽慢熬收汁。

蟹在古代有很多奇怪的名字，「橫行介士」、「無腸公子」，聽上去像閨中少女對薄情郎的輕嗔薄怨。中醫認為蟹具有寒性，因此吃蟹多佐薑醋，不僅去腥提鮮，兼且溫肺暖胃，預防食用水產帶來的食物中毒風險。

用蟹殼蒸蛋的吃法，在元人書中即有所見，今天蘇菜系的芙蓉蟹斗（雪花蟹斗）延續著蟹與蛋的情緣。

清人的蟹殼蒸蛋，首先取出蟹黃蟹肉——也就是「蟹粉」，仍置於蟹殼內，均勻澆滿蛋液，蓋好蟹殼，上籠蒸熟，蛋的滑嫩，充分融合蟹的鮮美，渾然天成。

滿族人鍾愛燒烤整隻動物

清代，滿族人的飲食方式，為北方——尤其京津一帶食俗——打上了鮮明的烙印。滿人鍾愛整隻動物燒、烤，一部集清代初、中期飲食大成之作《調鼎集》，記錄了當時受朝廷制式影響，衍生於官場和民間的滿席、漢席配菜標準。先看滿席菜式：

全豬、全羊、八斤重的烤乳豬、掛爐烤鴨一對、白蒸乳豬、白蒸鴨一對、扒乳豬、糟蒸乳豬、香鴨、六斤重的蒸肘子、白蒸雞、白煮烏叉（蒙古人的全羊）、松仁煨雞、五斤重的胸叉肉、燒肋排、白煮肋排、豬骨髓、羊照式、肉丸火腿海參燒羊腦、大蒜筍片肉絲炒羊肚、糟羊尾。

漢席看起來更高階：

金銀燕窩、野鴨燒魚翅、菜苔煨魚翅、燕窩球、蟹餅魚翅、什錦燕窩、肉絲煨魚翅、螺螄燕窩、八寶海參、鱉魚皮燒海參、瓢海參、夾沙鴨、海參絲、八寶鴨、海參野鴨羹、家鴨瓢野鴨、海參球、板鴨煨家鴨、瓢雞肉丸、關東雞、番瓜丸燉羊肉、大蒜燒鴨、鍋燒羊肉、紅燉雞、燕翅雞、醬燒雞爪、白蘇雞、火腿煨蹄髈肘子、松仁雞、金銀雞、荔枝雞、火腿鯽魚片、刀魚餅、煨假熊掌、鰉魚、麵條魚、燒鹿筋、白魚餃、肉片筍片炒鮑魚、鍋燒螃蟹、蟹肉炒菜苔、文武肉、大炒肉、建蓮煨肺、豬肚片、煨鮮蟶、燒蟶子、炒蟶乾、豆腐餃、豆腐松仁火腿丸、松仁豆腐、杏仁豆腐、口蘑豆腐、凍豆腐煨燕窩、蝦米肉丁燜豆腐。

以上許多食物，經常出現在皇帝御膳底檔的記載裡，比如鴨、燕窩、魚翅。民間的奢宴，顯然受皇室喜好的影響頗深。到了清末民國，正是在滿席、漢席基礎上，各地餐飲界增加了更多地方菜，形成了不同派別的「滿漢全席」。

不是涮而是煮的冬日火鍋

對今人而言，由幾十道、上百道菜拼湊起來的滿漢全席，大而無當，遠離生活，更像是獵奇般的存在。

我們還是回到離生活更近的美食上來。

你一定注意到，本書始終對一種廣泛流行於全國各地的美食——火鍋提及甚少，那麼古人到底吃不吃火鍋？

你可能還記得宋朝那位被風雪困在山廟，陪老和尚吃涮兔子的饕客林洪，雖然當時沒有辣椒，山上也未必儲有多少佐料，但林洪是幸福的，他是中國古代史上，有文字記載最接近現代火鍋的人。林洪的涮兔子，底料、蘸料俱備，更重要在於，他加熱兔肉片的方式，不是汆、焯、燉、煮，而是「涮」。

清代也有人提到過火鍋的概念。袁枚在他的飲食專著《隨園食單》裡說「冬日宴客，慣用火鍋」。但他所說的火鍋更像亂燉，吃法不是涮，而是「煮」——所有食材不分葷素老嫩同時下鍋一直煮著，食客圍坐自取。

清代人這樣吃，是為了在冬日保持食物的溫度，避免熱菜放冷，掃了賓主興致。不過弊端也顯而易見：無法掌握火候，且久燉必失味。

袁枚對此深惡痛絕，認為食材不同，對應的火候也完全不同，這樣不分先後，不講究搭配的一鍋亂煮，實在暴殄天物。可惜袁枚生早了，倘若有機會領略今天的毛肚火鍋，大約會刷新他對火鍋的認識。

雖然清代人已經普遍開始吃辣椒，但今日我們所熟悉的火鍋遲遲未能出現。

中國四大菜系，川菜成型最晚。

明末戰亂、災荒，巴蜀地區人口銳減，康熙七年，朝廷開始鼓勵百姓到四川移民墾荒，兩湖、兩廣、江浙及北方一些地區的大批移民湧入，尤其以兩湖（當時的湖廣）移民居多，遂有「湖廣填四川」的說法。這場移民潮持續了超過六十年，四川人口得以大幅增長，各地飲食文化也隨移民進入四川，與本地飲食文化碰撞融合，方形成了今天的川菜體系。

傳統點心沙琪瑪與各色餑餑

滿清入關，滿人的傳統主食——餑餑，隨同進入中原。

廣義上的餑餑，可以指一切做工精細的滿族麵食，豆麵餑餑、蘇葉餑餑、黏豆包、搓條餑餑。清代的北京城，旗人聚居，餑餑是這座城市代表性的主食之一。搓條餑餑，滿族稱為「打糕穆丹條子」，蒸熟的黏米經過反覆捶打，滾豆麵，搓長條，油炸後澆淋蜂蜜，如今，它的另一個名字——「沙琪瑪」更為人熟知。

餑餑也有餅狀、包餡料的，餡料常用核桃、松子、瓜子仁、香櫞絲、橙皮絲、青紅絲（糖漬青紅蘿蔔絲），以及糖。這個餡料陣容，有一種似曾相識的感覺……

沒錯，五仁月餅！尤其青紅絲的存在，勾起了多少饕客中秋節的記憶。關於「到底是誰發明了五仁月餅」這個問題，雖然沒有確鑿證據，但似乎與「餑餑」脫不了關係。

當然，清代的北京城主食點心花樣極多，隨便溜一圈，桃酥、燒麥、餛飩、綠豆糕、鮮葡萄榨汁做的葡萄糕、烏梅糕、元宵、盒子、各色粽子、炒米、麵條、油餅，還有餃子。

對於餃子，北方人有著特殊情結。

北方人對餃子情有獨鍾

北方天氣冷，熱騰騰的餃子下肚，讓人分外幸福。相較於農耕時代其他粗重的工作，包餃子則顯得輕鬆無比。聞著餡料的香氣，全家人圍坐在一起協同勞動，閒話家長里短，其樂融融，這樣的感覺，就是「團圓」的味道。

穆齊賢，北京人，道光年間，在惇親王府任六品內管領。此人有寫日記的好習慣——今天吃了啥，去了哪裡，見了誰，花多少錢，買了什麼東西。在那個時代，同僚也許會覺得他挺無聊的，吃個早餐還寫成日記，誰關心你吃了啥。不過，他的日記《閑窗錄夢》，已經成為後世瞭解清人生活的第一手寶貴資料。

觀察穆齊賢的行動軌跡，我們發現此人除了每個月上半個月的班以外，每天就是逛街、逛吃，滿北京城蹓躂著喝茶、喝酒、吃東西。

其中吃得最多的，就是餃子。

道光八年（西元一八二八年）

正月初一，吃餃子。

正月初二，早餐，吃餃子。

正月初三，早餐，吃餃子。

正月初五，早餐，包餃子，花七十文錢買了兩個甜橘子吃，晚上吃羹。

正月初六，早餐，吃餃子，買了串山楂。

正月初七，早餐，包餃子，中午出門吃麵喝茶，花了六百文，幫媽媽買二十個燒餅。

正月初八，早餐，吃餃子。

正月初九，早餐，吃餃子，吃完到阜成門喝茶。

正月初十，煮羊肉，請八舅。

正月十一，早餐買甜漿粥，吃了兩個餑餑，下午，吃餃子。

正月十二，出門赴宴，回家後，還是吃餃子。

正月十三，吃湯圓，看燈，喝茶，一直喝到三更天，又去喝酒，喝完酒已經天亮，買湯圓給媽媽。

正月十八，晚餐，吃餃子。

正月二十三，有朋友來訪，晚餐一起吃餃子。

正月二十七，有人請我吃餃子，花了三百文，然而……記在我的帳上。

正月二十八，出城看戲，散場後吃餃子，有人請客，這次是真請。

正月二十九，到宣武門外喝酒吃餃子。

整個正月，吃了十五天的餃子。

對於像穆齊賢這樣的餃子族，當遇到「不知今天吃什麼」的局面時，餃子往往成為破局之選。大清早醒來，睜開眼，吐出一口濁氣，迷迷糊糊的便開始琢磨，早上該吃點啥？餃子？昨晚剛吃了。盒子？不想吃。包子？不想吃。餅？不想吃。麵條？不想吃……那，還是餃子吧！

這樣的情況，延續至今。

「今天吃什麼？」
「不知道，吃餃子吧。」
「家裡來客人了，包餃子吧。」
「喲，女朋友來了，包餃子。」
「六級過了，去吃餃子。」
「表白成功，吃餃子。」
「公司上市，請大家吃餃子。」
「正月當然要吃餃子呀。」
「冬至，包餃子。」

「今天霜降，有什麼講究沒？」

「有啊，吃餃子。」

「立秋了，包餃子。」

「中元節，這個也有講究嗎？」

「不知道，總之吃餃子就對了。」

「臘月十八不是應該喝臘八粥嗎？」

「臘八粥又不是主食，包餃子。」

美食有很多，為什麼這樣迷戀餃子？

對許多北方人而言，那是媽媽的味道。

《中庸》說「人莫不飲食也，鮮能知味也」。人間百味，各有迷戀，只有親口試過，才知道喜不喜歡。我們嘗味、品味、知味，相遇、相識、相知。食的過程，是探索的過程，成長的過程，也是悟世的過程。

食，就是這一生。

鰱魚豆腐

清代袁枚記錄鰱魚豆腐的作法：煎熟鰱魚，和豆腐、醬、蔥、酒一道熬沸，待湯色半紅起鍋。

卷參

順應天時的飲食哲學：

二十四節氣餐桌

〔立春〕潤餅捲春意，好運入肚

作為二十四節氣的頭一個，「立春」也代表了一年的起始。對於以吃為尊、以食為天的中國來說，證明一個時節到來的最好方法就是換一個順應時節的食譜。此時的大地剛剛從萬物沉眠的冬季甦醒，經過一個沉冬的封印，好吃的東西又開始向我們招手啦！

可是初春的好吃的那麼多，我們又該吃什麼呢？古人對吃的講究非常多，首先就得從人的身體狀況入手。

首先，立春的主題就是萬物復甦，重新生長。在這個時候，人的精神也開始振奮，容易形成肝火內旺的情況，從養生上講，在此時的食物要講究養肝氣之升，和順忌怒，諸腎補肺，頤養胃氣，蘿蔔、韭菜、蒜苗、洋蔥就成為了立春的主食。

當然，我們是不可能直接炒一盤蘿蔔韭菜蒜苗燉就上桌過節的，所以，智慧的古人便發明了一道菜——「春餅」（潤餅）。

春餅的作法是，先將麵糊烙製成餅，而後將韭菜、蘿蔔等菜切成絲，然後再將混合的配菜裹在麵皮裡。

春餅的出處已不可考，但普遍認為是由古代潮汕小吃演變而來的。至少在唐代，春餅就已經成為全國上下慶祝立春的主要方式。唐代《四時寶鏡》就有記載：

「立春日食蘿菔、春餅、生菜，號春盤。」到了明朝，《明宮史・飲食好尚》稱：「立春之前一日，順天府街東直門外，凡勳戚、內臣、達官、武士……至次立春之時，無貴賤皆嚼蘿蔔，名曰『咬春』，互相宴請，吃春餅和菜。」

由此可見，在很早以前，春餅已經是無論高低貴賤都會食用、並且喜愛的一種立春食物。到了清朝時，春餅和春盤漸漸演化成了如今人們更加熟悉的春捲，而今則入選了滿漢全席，成為了一百八十二道中之一。

〖雨水〗罐罐肉暖心，初春滋潤

春天已至，氣溫回升，冰雪融化，降雨變多，雨水也漸漸豐沛起來。故在正月十五左右，第二個節氣「雨水」便到來了。

雨水時期，氣候潮溼多變，忽冷忽熱，因此講究養生的中國，就將祛溼養氣的甘溫食物作為首選，如櫻桃、菠菜、紅棗、春筍等等。

雖然在中國，雨水節氣並沒有廣泛吃傳統食物的普遍習俗，但這一天，卻是川西地區出嫁女兒偕同丈夫回娘家探望父母的大日子。

在古代，女兒出嫁之後便會隨夫住在夫家，在『雨水』這個日子，女兒與女婿往往會準備一罈「罐罐肉」送給岳父岳母。罐罐肉由砂鍋燉的豬腳、雪山大豆和海帶製成，放入罐中，用紅紙和紅繩封好罐口製成。小夫妻將罐罐肉送給老人，以對他們的養育之恩表示感謝和敬意。

當然，時過境遷，罐罐肉不再是女婿獻給岳父岳母的專屬美食，現在已經成為了走進千家萬戶、街頭巷尾的小吃。

〖驚蟄〗雷動食慾醒，梨、芋飄香

在每年西曆的三月六日左右，驚蟄到來了，「蟄」在這裡指的是藏的意思，尤其是指蟲藏在泥土當中。此時春天正式到來，氣溫回升較快，冬眠的蟲子與動物紛紛驚醒。

在這個時節，人的肝陽之氣漸勝，陰血相對不足，此時的食物，應當順應肝之性，助益脾氣，令五臟和平；吃的東西以清淡為主，肉食為輔，如蓮子、芹菜、苦瓜、羹湯等等都是最適宜的食物。因此，在驚蟄期間，許多北方地區有吃梨的習俗。

梨味甘汁多，有潤肺止咳、滋陰清熱的功效，十分符合驚蟄時的氣候。而在部分地區，如陝西，則喜愛吃炒豆；南方的客家人，在這個時候往往會再配上一些芋頭，代表著消滅蟲害的意思。

〔春分〕驢打滾、太陽糕，陰陽甜平衡

春分一般在每年西曆的三月二十日至二十一日，此刻春天過了一半，萬物已經徹底復甦，大雁南來，雨水也漸漸興盛。

在春分，許多地區有吃春菜的習俗，但春菜是什麼卻各有不同。在舊時的許多地區，春菜是一種野莧菜，當地人稱之為「春碧高」，並將它與魚片一起煮湯，稱之為「春湯」。

在揚州，春分時，常常食用蘿蔔或蘿蔔絲餡的包子以及春捲；而在老北京，春分得吃驢打滾和太陽糕。

驢打滾也就是豆麵糕，能發揮辟邪與祈福的功效。傳統的驢打滾用黃米麵加水和軟、蒸熟，另將黃豆炒熟後碾成麵粉，將黃米麵在上頭裹一下。然後將其擀成片，再抹上赤豆沙或者紅糖捲起來，切成小塊、撒上白糖即可。驢打滾之所以有這樣一個奇怪的名字，是因為將黃米麵放在黃豆麵中滾時，麵沙飛起，像是野驢在沙土中打滾揚起灰塵一般。

而太陽糕則在老北京消失已久。太陽糕是由大米和綿白糖製成的方形點心，以糯米為皮，裡頭包裹著瓜仁、紅棗等等甜味食物，有五穀豐登的寓意。

〔清明〕艾餅、饊子，追遠寄相思

「清明時節雨紛紛，路上行人欲斷魂。」恐是我們對清明時節最深的印象。然而在清明前一天卻有一個與吃有關的節日：「寒食節」，而所吃食物的主要要素為「寒」——也就是多以素食和無需生火的糕點為主。其中最為出名的莫過於客家人使用的青團，也就是艾餅了。

青團通體青色，以一種名叫艾草的野生植物搗爛擠汁、再和以糯米粉攪拌而成。青團當中一般裹有細膩的豆沙，吃起來甜而不膩。

而在許多地區，清明也有吃饊子的風俗。饊子是一種油炸食品，北方以麥子粉為主，南方以米粉為主，古時成為寒具。此外，不同的地區，分別有吃雞蛋、博餅、大蔥、芥菜飯等等的風俗，這些食物大都是無需生火開灶即可食用的糕點，頗有一副「寒食」的氣息在。

在所有的食物當中，最為附和節日來由的莫過於「子推饃」了，子推饃來源於寒食節的發源地山西，名字就取自介之推。

子推饃又稱老饃饃，長相類似於古代的頭盔，裡頭包有雞蛋或是紅棗，上頭有一個尖頂。講究的子推饃會被製成各種形狀，這些形狀多以燕子、蟲子、蛇、兔子或是文房四寶為主。圓形的專門給男性食用；條形的則是女性們的點心；至於孩子們，則是做成各種形狀的麵花。麵花除了立刻吃，還會被吊起來放在房間裡慢慢風乾，留給孩子慢慢食用。

〔穀雨〕香椿新芽，嘗盡春之鮮

穀雨時期，是香椿收穫、上市的季節，所謂「雨前香椿嫩如絲」，這是吃香椿最美好的時節了。

香椿又叫香椿頭、大紅椿樹、春苗等等。民間也有「三月八，吃椿芽兒」的說法，這裡的椿芽兒，就是指香椿樹的嫩芽。吃香椿也有個好聽的名字叫「吃春」，寓意迎接美好的春天。

香椿固然好吃，卻含有高於一般蔬菜的硝酸鹽和亞硝酸鹽，以及較高的蛋白質，在室溫下存放之後，這些對人體不好的物質會不斷沉積，就有生成致癌物質的危險。雖然不同地區的水土、種植方式和品種各有不同，這些危險卻是扎根在香椿本身裡。

《食療本草》中記載：「椿芽多食動風，熏十經脈、五臟六腑，令人神昏血氣微。若和豬肉、熱麵頻食中滿，蓋壅經絡也。」所以，香椿是種最好不要多吃的食物。不過沒關係，我們的先祖早發現，香椿芽越嫩，這些致癌物質的含量就越低，因此在古代便提倡吃最嫩的香椿芽，並以立即食用為佳。

香椿的料理有很多種，無論用來清炒豆腐、雞蛋，還是用來醃製或是放入花捲等麵食當中，都是非常好的食用方式。

【立夏】三鮮、五色飯，啟動夏日序曲

立夏，代表著夏季的開始，一般在西曆五月五日到七日之間，也就是農曆的四月。立夏的「夏」，其實是大的意思，代表著農作物已經直立長大，即將成熟。在以前，立夏民間喜歡吃五色飯。所謂五色，就是將紅豆、黃豆、黑豆、青豆、綠豆等五種顏色的豆子與白粳米拌在一起煮成米飯。後來，五色飯漸漸演化成蠶豆煮糯米飯，也就是現在的「立夏飯」了。

除此之外，在中國，尤其是江南地區廣泛流傳的習俗，就是「立夏蛋」。

立夏蛋一般用茶葉末或者胡桃殼煮熟，煮好後飄香撲鼻，食用時還要配上紹興酒、灑上細鹽一同食用。立夏蛋不僅可以用來吃，還可以用來玩，俗語有言：「立夏胸掛蛋，孩子不疰夏。」意思是立夏這天只要吃雞蛋，孩子在夏天就能避免出現四肢無力、食欲減退等現象。小孩拿到了立夏蛋，會互相「鬥蛋」。雞蛋相撞，誰的蛋殼堅硬、沒有破碎，誰就獲勝。此外，父母也有將雞蛋掛在蚊帳上的，由此保

佑小孩身體健康、茁壯成長。

在寧波，還有立夏吃腳骨筍的習俗。所謂「立夏吃腳骨筍，一年腳骨健健過」，也就是只要吃了腳骨筍，腳、腿就會健健康康的意思。

腳骨筍其實就是竹筍，尤其是指細長、還新鮮嫩幼的竹筍。吃時一般將腳骨筍去殼洗淨、切碎，再與排骨、豬肉一起燉，或者乾脆放入雞精小火慢煮，都能做成一道佳餚。

另外，立夏還有「嘗三鮮」的習俗。三鮮，指的就是時鮮，還可以根據生長方式分為「地三鮮」——蠶豆、莧菜、黃瓜，「樹三鮮」——櫻桃、枇杷、杏子，以及「水三鮮」——海螺、河豚、鰣魚。嘗三鮮這個習俗，可以追溯到迎夏禮上。在典禮之上，天子會以生肉、鮮果、五穀與茶祭祀古代帝王，這個習俗一直流傳下來，慢慢的就變成了「立夏吃三鮮」。

【小滿】苦菜清熱，節氣養生道

顧名思義，小滿指的就是農作物的顆粒開始飽滿，但還沒到特別豐滿的地步。其時節大約在每年西曆的五月二十一日前後。

小滿到來，高溫、多雨也隨之到來，此時的天氣，多半潮溼悶熱，中醫一般將其稱之為「溼邪」。這股溼邪之氣，對人脾臟的影響最大，因此，從養生方面來講，小滿的飲食，應開始轉為清涼、降火、除溼，並多以健脾化溼為主。

那麼小滿吃什麼最合適呢？首先應當是苦菜。苦菜是中國傳統食用的野菜，《周書》有言：小滿之日苦菜秀。由此可知，小滿是苦菜盛開、大量生長的時節。當然，由於苦菜是一種普遍生長、極易採摘的野菜。在青黃不接的小滿時節，往往被舊時的貧苦人家充飢用。

但苦菜也不是只能當做填飽肚子的野草吃的。《本草綱目》說：「（苦菜）久服，安心益氣，輕身、耐老」，並將它稱之為「天香草」，用來醫治熱症。它的藥性，對炎熱的小滿時節來說，再合適不過。苦菜一般摘去爛葉、掐去老根，沾醬即可食用，這樣既可保留苦菜野菜的清香，又不至於有過分的苦味。

〔芒種〕桑椹正熟，果實喜豐收

芒種是一年中的第九個節氣，在每年的六月五日左右到來。芒種的意思是指小麥一類「芒」作物逐漸成熟，要開始搶收搶種了，因此，也有人將芒種戲稱為「忙著種」。

芒種是農業界出名的「雙搶」時節，此時勞作增加，而夏季的溼氣與暑氣又不斷上升，極易讓人出現出汗、氣虛、消化不良甚至中暑的現象。雖然芒種期間沒有普遍食用的傳統食物，但還是有一些提倡食用的養生食物，這些食物就應當以生津止渴、除溼去火為主，也就是我們常說的「清補」。例如桑椹就是非常適合此時食用的一種食物。

桑椹又叫桑果，是桑樹成熟後的果實。桑椹味道甘甜多汁、酸甜可口，被稱為「民間聖果」。《本草綱目》也說：「桑椹，一名文武實。單食，止消渴，利五臟關節，通血氣，久服不飢，安魂鎮神，令人聰明、變白、不老。多收曝乾為末，蜜丸日服（藏器）；搗汁飲，解中酒毒；釀酒服，利水氣消腫。」在中醫裡，桑椹性味甘寒，具有補肝益腎的功效，還能夠治療消化不良、頭暈目眩等疾病，有安神、寧和的作用，所以，桑椹是十分適合芒種時期食用的。

除此之外還有西洋參、黃瓜、鯉魚等食物，它們既能夠調節人的身體，又是當季時鮮，可以說是最適合芒種吃了。

〔夏至〕涼麵、麥粽，長日清爽解暑

夏至在每年的六月二十一日前後，這個時節太陽直射北回歸線，所以夏至也是一年之中白天最長的時候。

夏至是二十四節氣中最早被確定的一個節氣。在西元前七世紀時，先人利用土圭觀測太陽的影子，很快確定了白晝最長的夏至。從這個時候開始，白晝的時間又將漸漸變短，日子也開始朝秋冬邁進。

那麼在夏至這天，我們又應當吃什麼呢？中國各地的習俗各有不同。湘南和湘西一代，有吃「夏至蛋」的習慣。這天將雞蛋煮熟，加上紅棗一起煮湯吃，是夏至蛋的經典吃法。而在少部分地區，還有將雞蛋煮熟，用紅紙或紅色顏料將蛋皮染紅，掛在孩子前胸直到中午或下午再吃的習慣。與立夏蛋的風俗相同，這麼做的原因也是為了保佑孩子強身健胃，因此也有「夏至吃蛋，石板踩爛」的民俗說法。

此外，老北京也有「冬至混沌夏至麵」的說法。在北京，夏至時節，生菜和涼麵是最受歡迎的。炎熱的夏天，生冷食物可以促進食欲，降低身上的火氣，但麵條溫和，又不會過寒而傷及人的身體，因此夏至吃涼麵是一個非常不錯的選擇。

在江南，夏至則有吃麥粽和夏至餅的習慣。《吳江縣誌》裡記載：「夏至日，作麥粽，祭先畢，則以相餉。」意思是先用麥粽祭祀先祖，然後分而食之。而夏至餅則是一種半月形的薄餅，外形類似北方的韭菜盒子，但在和麵時，通常會混以艾草、天豆沙，因此吃起來更加清脆爽口。烤熟後裡頭會夾青菜、豆莢、豆腐、臘肉等食物，同樣在祭祀之後互相饋贈分食。

〔小暑〕黃鱔肥美，滋補濕熱

不要認為夏至結束，一年中炎熱的時光就結束了，事實上，最熱的時候才剛剛開始。小暑是炎夏最後的交響樂，但演奏的卻是前奏，雖然熱，但沒有達到頂峰，故稱「小暑」。民間就有「小暑大暑、上蒸下煮」的說法。在雨熱同期的南方，小暑的到來也意味著大降雨、甚至颱風的到來。

酷熱容易讓人感到心情煩躁、疲憊倦怠。夏季主心，所以在飲食方面，應當以照顧心臟陽氣，保證心臟機能旺盛為主。並且，夏季是消化道疾病多發的季節，此時的飲食，應當以調節飲食規律，糾正偏好、量適度為主。否則吃得太少，容易氣血不足，引起倦怠；吃得太多，又會讓脾胃負擔太重，出現上吐下瀉的情況。

小暑這一天，民間有吃「食新」的習俗。在這個季節，農業的春種結束，第一批水稻得以收割，因此品嘗新鮮的稻米便成了一種慶祝方式。食新之前，人們往往也會祭祀五穀之神和先祖，祈求往後也一樣五穀豐登。

此外，民間還有吃黃鱔的習慣，一句「小暑黃鱔賽人參」就能充分表達這種觀點。中醫認為，黃鱔性溫味甘，具有補中益氣、補肝脾、祛風溼、強筋骨的作用，最適合炎熱的小暑食用。另外，黃鱔還可以治療消化不良引起的腹瀉，甚至有保護心血管的作用。

在降暑這件事上，人們則往往選擇藕、綠豆、紅豆來食用。這三種食物除了能夠保護心臟，有養心的功效之外，還有清熱生津、解熱毒、潤肺的作用，對小暑來說，就像對症下藥一樣合適。

〔大暑〕伏茶、仙草，清涼酷熱

大暑一般在三伏天的「中伏」前後，西曆的七月二十二日前後到來。大暑時節，炎熱、潮溼、悶熱。溼熱之氣容易侵入身體，與小暑一樣容易心氣虧損、身體倦怠，但這種情況將會更加嚴重，中暑的風險也更大一些。四肢乏力、胸悶心悸，都是大暑時節需要預防的疾病，因此此時的食物如綠豆湯、蓮子羹都是以降火祛溼為主的。

從民俗上來說，大暑時該吃的東西就多了。但奇怪的是，在山東南部地區，大暑這一天有「喝暑羊」的習俗，也就是喝羊肉湯。為什麼會在如此熱的夏天，出現吃這種燥熱食物的民俗呢？這要從山東的氣候說起。

山東南部一帶是著名的小麥產區，入伏天是小麥豐收的季節。收穫之後，短暫的農閒時光就到來了，人們急需休息、慶祝來補足精神。但在古時的農村，可以吃的東西很少，最多也就是烙幾個新烙餅、多蒸兩個饃饃。牛得耕地不能殺，狗要看家不能吃，人們就把目光轉向了羊身上，於是殺羊煮湯。由於羊肉湯在當年也算是一種「奢侈食物」，光自己吃是不行的，許多人家便藉此把出嫁的女兒接回家來，於是，喝暑羊變成回娘家的節日。

不過營養學家也表示，雖然羊湯、辣椒油、蒜都屬燥熱，但卻可以讓人大汗淋漓，讓五臟六腑的積熱消失，因此十分有益健康。

古時的蘇州，人們在大暑時有食用冰塊和喝荷花粥的獨特習俗。《清嘉錄》曾經記載說：「土人置窨冰，街坊擔賣，謂之涼冰。或雜以楊梅、桃子……俗呼冰楊梅、冰桃子。鮮魚肆以之護魚，謂之冰鮮」。蘇州的冰鮮十分盛行講究，在整個蘇州附近有不少專門藏冰的冰室，稱為冰窖或者冰窨。蘇州的冰窖就在葑門之外，總共有二十四座，以對應二十四節氣。

荷花粥，就更有蘇州特色了。大暑是江南荷花盛開的季節，將新鮮的荷花，加上冰糖蜂蜜泡出荷花水來煮粥，這樣荷花的香味和蜂蜜的甜味都會浸入粥裡，清透香甜，降暑祛溼。

而在中國的山西、河南等地，人們認為伏天吃薑是最合適的。大家會把生薑切片或者榨汁後與紅糖攪拌在一起，裝入罈子或者罐子，然後蒙上紗布，在太陽下晾曬一陣子以後食用。

另外，在大部分地區，三伏天、也就是大暑天，有喝伏茶的習慣。這種茶由金銀花、夏枯草、甘草等多種中草藥煮製而成，一些鄉下地區甚至會集體製作伏茶，在炎熱的天氣裡放在村口的涼亭中發放給路人解暑。

以上說的都是一些古時流傳下來的風俗，對於現代的年輕人來說，可能不甚瞭解，而有一種廣東特產的食物和習俗，則成為現在年輕人的最愛，即「吃仙草」。俗話說：「六月大暑吃仙草，活如神仙不會老。」仙草又名涼粉草、仙人草，是唇形科仙草屬的草本植物，有藥用和食用的雙層價值，在消暑方面功能突出，因此被人們譽為「仙草」，是現在一種非常出名的消暑甜品。

〔立秋〕粥與茄子，告別炎夏

立秋這個節氣顧名思義，是指秋天到來，其實指的就是暑去涼來的意思。而秋又由「禾」與「火」組成，禾穀成熟，故名為秋。

雖然事實上，立秋僅僅是一個節氣的代表，並不意味著天氣真的就轉涼了，但古代人民還是把立秋當做夏秋之交的重要時刻，非常重視這個節氣。畢竟秋天是農作物收穫的季節，作為傳統的農耕民族，有什麼比豐收更讓人值得重視呢？

立秋的一個習俗是吃茄子。吃茄子的民俗來自於一個明代初年的傳說。明代開國大將當中，有一位名為常遇春的將軍，他與徐達攻打下元朝大都北平府之後適逢立秋，軍隊中有一個小兵因為飢餓，順手偷了農民的一個香瓜。雖然這在當時不算大事，但常遇春治兵嚴格，得知此事之後要將這個兵處以死刑。這時被偷瓜的農民不忍心，站出來表示元大都有習俗，立秋這天拾瓜不算偷。常遇春聽到，便將這個小兵赦免。這原本是一件好事，沒想到傳開之後，其他的士兵都以此為藉口開始搶各種瓜類。常遇春見場面越來越亂，但又為了平息此事，便從瓜果中挑選了最像肉味茄子，將它定位立秋這天專屬的瓜果類食用，從此，吃茄子的習俗就流傳了下來。

另一個習俗就是喝粥。都說秋季喝粥最為養人，立秋之後就要迎來嚴寒的秋冬，趁著大地還溫熱的時候，及時補養身體以防過冬，是最好的事情。立秋粥倒是沒有什麼特別的講究，只是從養生的角度來說，百合粥、紅薯粥有潤肺止咳、健脾養胃的功效，非常適合秋季食用。

當然，立秋以後，最出名的事情就是「貼秋膘」。俗話說「夏天過後無病三分虛」，按照傳統春夏養陽，秋冬養陰的原理，夏季過後人體發虛，秋季一定要進補不可，為了度過冬天，補充脂肪和碳水化合物、蛋白質便是當務之急。貼秋膘顧名思義，一定要吃肉才行，無論是燉肉、紅燒肉、包餃子，還是燉雞燉鴨都是十分合適的。

另外，在天津還有「咬秋」這麼一個說法，咬秋就是指在立秋這天吃西瓜，因為天氣轉涼，西瓜少了，要趕緊吃才好，而且人們相信，秋季吃西瓜能夠免除冬天和來春的腹瀉。

〔處暑〕肥鴨、龍眼，秋日滋潤

處暑在每年的八月二十三日前後，根據《月令七十二候集解》稱：「處，去也，暑氣至此而止矣。」意思是炎熱的夏天即將過去。也就是說，處暑到來，才算是真正的度過炎夏，迎來轉涼的氣息。

在處暑，民間有吃鴨子的習俗。處暑天氣轉涼，秋天的燥氣入體，為了防止秋燥傷人，就應當補秋，也就是應當滋陰潤燥。鴨肉性寒味甘，十分適合清熱補虛、養胃生津，是民間工人的「補虛聖藥」，所以，吃鴨子變成了一個非常好的處暑習慣。北京和南京的部分地區到今天還有這個習慣。

處暑吃的鴨子可有講究，在北京，應當吃處暑百合鴨最好。百合鴨的作法是先將百合洗淨濾乾，然後將百合放進已經刨好洗乾淨的鴨肚子當中，淋上少量黃酒和細鹽，最後將鴨頭也彎曲入鴨腹內，用棉線把鴨身紮牢，蒸煮四小時以上，至鴨肉酥爛為止。

南京吃鴨子則有另一個說法，首先，鴨子是用來送的，南京本地就有「處暑送鴨，無病各家」的說法。其次，南京送的鴨子大多是普通的熟食，要製作的話，一般會燉成南京非常受人歡迎的蘿蔔老鴨煲或是紅燒鴨。

在福州，則有一句俗語叫做「處暑一過臉覷厝」，意思是處暑過去，外出避暑的人也應當回來了。這句話雖然指的是人應當回家，但實際上借指到了處暑時節，人的作息飲食應當有變化。涼茶和冰鎮甜品已經不宜再吃，但龍眼作為一種南方盛產的水果，性溫味甘，有補氣養血、寧心安神的功效，非常適合在此時進補。

龍眼除了配稀飯以外，還應當配上「白丸子」。白丸子其實就是糯米丸，作法非常簡單：將糯米粉搓成一粒粒的丸子狀，煮湯加糖即可。糯米與鴨子、龍眼一樣，都是性溫、養陰的好東西，入脾腎肺經，能夠補養人體正氣，剛好對應中醫「補秋」的說法。

〔白露〕秋風起，酒、茶飄雅韻

白露是秋天的第三個節氣，在農曆的九月七日前後到來，是孟秋時節的結束與仲秋時節的分割線。白露代表的是草葉上的露珠，在此時，秋天來到，氣溫降低，水氣在近地物體上容易凝結成水珠，所以實際上，白露指的是天氣已經開始變涼了。

在白露季節，人們有釀白露米酒的習慣。舊時的蘇浙一帶，人們會在白露時節用糯米、高粱等五穀釀成米酒，這種米酒酒精濃度很低，微帶甜味，老少皆宜，是待客的良品。由於這種米酒在白露期間製作，所以被稱為「白露米酒」。

此外，與白露同名的還有白露茶。在老南京，夏季的酷熱終於結束，茶樹也到了生長的最好時機。白露茶不像春茶那樣過於嬌嫩，也不像夏茶那樣太乾澀味苦。此時的茶，其質地介於兩者之間，不乾不嫩，恰到好處，味道十分受人喜歡。

白露時節還有一個最佳的食品——紅薯。紅薯又稱甘薯、番薯，生吃又甜又脆，可以當成一種水果，煮熟之後軟糯甘甜，在嘴裡化開的味道不輸任何一種甜點。中醫認為，紅薯味甘性平，補脾益氣。《本草綱目》就曾說紅薯有「補虛乏、益氣力、健胃、強腎」的功效，還可以讓人「長壽少疾」。也就是說，紅薯是一種養生價值極高的好東西。從現代醫學的角度來看，紅薯位列抗癌蔬菜之一，可保護人的心血管壁，防止動脈硬化的發生。

除了吃應季的養生食物，還有一種討口彩的過節的方法。浙江溫州等地，有過白鷺節的習俗，在民間，人們會用「十樣白」來慶祝這個節日。所謂十樣白，就是十種帶白露的草藥，即白芍、白芨、白朮、白扁豆、白蓮、白茅根、白山藥、百合、白茯苓、白曬參，以與「白露」字面上相應。

〔秋分〕湯圓、螃蟹，團圓肥美時

秋分是每年西曆的九月二十三日前後，「分」取的是晝夜平分的意思。與春分一樣，秋分這一天晝夜平分，且從今日開始，就要進入夜比晝長的日子了。

秋分的一個大習俗，就是吃湯圓，此時吃湯圓還有一個很好聽的說法叫做「沾雀嘴」。除了吃湯圓之外，人們還要將不用包心的湯圓十多個甚至二三十個煮好穿成串，掛在田邊地坎，希望能夠黏住麻雀的嘴，避免來年麻雀啄食莊稼。

另外，在秋天最好、也最受歡迎的就是螃蟹。螃蟹擁有極高的營養價值，蛋白質含量超出日常食用的豬肉、魚肉好幾倍。中國螃蟹的種類很多，大約超過六百種，螃蟹分為淡水蟹和海水蟹兩種，其中淡水蟹中的大閘蟹最受歡迎。公蟹吃蟹膏，母蟹吃蟹黃，除此之外，還有一種頂級螃蟹被稱為黃油蟹。

黃油蟹是由母蟹「進化」而成，外表與普通螃蟹差不多，但蒸熟之後蟹身介於紅色和黃色之間，蟹蓋、蟹爪等關節處都可以看見黃色油脂。黃油蟹的出產極為複雜，炎夏產卵季節，成熟的雌性蟹膏會在產卵時棲身於淺灘河畔。退潮時，猛烈的陽光照耀淺灘，就將雌蟹體內的蟹膏分解成了金黃色的油質，然後逐漸滲透到了身體的各個部位，整隻蟹便充滿著油脂，隨便咬一口，香氣四溢。據說每一百隻膏蟹才能產出一隻野生的黃油蟹，因此黃油蟹的價格就像牠的味道一樣高。

〔寒露〕芝麻暖身，滋補抗寒

寒露的到來，充分說明天氣已徹底朝「寒」轉變，並且沒有什麼挽回的餘地了。寒露一般在每年的西曆十月八日前後，此時氣溫更低，空中會因低溫而凝結露水。

寒露雖然天氣漸冷，但對於古人來說卻是一個極好的時節，由於此時正趕上收穫之日，所以有寒露就是「秋收節」的說法。諺語中，就有「寒露時節天漸寒，農夫天天不停閒」的說法。

在寒露這個節氣裡，熱冷交替，氣候轉寒，雨水減少，天氣乾燥，晝夜溫差極大。從中醫上來說，這個節氣燥邪之氣正強，容易傷肺傷胃，這一點在南方尤為明顯。在這個時候，經常出現的問題包括皮膚乾燥、皺紋增加、口乾舌燥等等，甚至容易脫落毛髮。所以，養生也以養陰防燥，潤肺益胃為主。

在食用習慣上，芝麻是寒露節氣的優秀選擇之一。在《神農本草經》和《本草綱目》等醫學著作當中，芝麻健脾胃、利小便、和五臟、助消化、順氣和中、平喘止咳，可以說是一種包治百病的良藥。

芝麻分為白芝麻與黑芝麻、雜色芝麻和黃白芝麻四種，黑芝麻多提倡為藥用，黃白芝麻與雜芝麻用於榨油和製作芝麻醬，白芝麻才是一種傳統的食用芝麻。芝麻作為八穀之冠，香酥可口，作為配料放入食物當中能夠有效提高食物的香味。對現代人來說，古代的酥片等食物可能已經無法引起食慾，但製作蜜汁豬肉脯，想必還能受到廣泛的歡迎。

寒露作為一個節氣並不算太出名，但在這期間，卻有中秋和重陽兩大節日。中秋望月、食用月餅是一個流傳至今的廣泛習俗；而重陽節又稱重九節，為每年農曆的九月九日，其中的習俗包括登高、插茱萸、賞菊等等，古詩中就有「遙知兄弟登高處，遍插茱萸少一人」的名句。此時此刻，飲菊花酒、吃重陽糕便成了一個廣泛的習俗。

蜜汁豬肉脯的簡易作法

作法：1、里脊肉去掉肉筋後剁成泥，加鹽、白糖、黑胡椒攪拌均勻。
2、倒入料理酒、生抽、老抽、魚露醃製肉味。
3、將肉泥均勻分好放入烤盤，刷上蜂蜜水和白芝麻，烤至焦香即可。

〔霜降〕蘿蔔、柿子，田園滋味迎霜

霜降在每年的西曆十月二十三日前後，有天氣漸冷，初霜出現的意思。這是秋季的最後一個節氣，也是冬季開始的預兆。

山東農諺中有一句話：「處暑高粱、白露穀，霜降到了拔蘿蔔。」蘿蔔作為一種秋冬常吃的蔬菜，歷史悠久，也被廣泛種植，《詩經．邶風．谷風》中就有句子：「采葑采菲，無以下體。」葑指的是大頭菜，而菲指的就是蘿蔔了。

因為蘿蔔好種植，生命力旺盛，還能夠保存一個冬天，所以成為先民秋冬的必備、甚至唯一菜色，由於其營養價值豐富，也有「秋冬蘿蔔賽人參」的說法，而霜降作為還沒有完全入冬，但又寒氣逼人的日子，從此時開始吃蘿蔔再好不過。

蘿蔔的吃法很多，可以下火鍋，可以當水果，可以做醃菜，但最多還是用來燉湯。古代生活貧苦，白蘿蔔只能醃製成蘿蔔乾吃一個冬天，然而現在，我們何不用蘿蔔做一碗熱騰騰的肉丸白蘿蔔湯呢？

先將白蘿蔔切成小塊、辣椒切斷、薑、蔥也備好，鍋中倒油，先放薑片，再放入乾辣椒、白蘿蔔翻炒一段時間，然後倒入清水，水開後小火再慢煮十五分鐘，隨後倒入豬肉丸，撒上胡椒粉，繼續蓋上鍋蓋到豬肉丸煮透為止，最後加一勺半鹽，淋入適量麻油調味，拌勻即可食用。

在很多地方，霜降則會考慮食用柿子這種食物。俗話說「霜降吃柿子，不會流鼻涕」，也就是此時吃柿子有著很好的防寒防凍的效果。

柿子是一種原產地就在中國的植物，成熟季節就在霜降前後，即十月左右，栽培歷史長達一千年以上。柿子可以直接當水果吃，可以做成果醬，也可以入菜，如木須柿子、柿子餅等。柿子營養價值不錯，但也有禁忌。由於其含有十分豐富的醣類，所以糖尿病和慢性胃炎患者最好不要食用，空腹食用以及吃過多也對身體不好。

以上的習俗和吃法多為漢族所用，而在遙遠的廣西壯族，則有一個重大節日名為「霜降節」。壯族的霜降節在每年的農曆九月，晚稻收割結束之後，勞作了一年的壯族鄉民慶祝的節日。其來源應當是為了慶祝豐收，也有人說是為了紀念「下雷土司傳說」。相傳壯族第十四世下雷土司徐文英的妻子岑玉音曾經在抗擊倭寇中有傑出的貢獻，凱旋之日正值霜降，便由此定為節日，因此霜降節也成為下雷霜降節。

霜降節時，各家各戶殺雞宰鵝，做好糍粑、蒸糯米飯招待客人。大家也會將糍粑、年糕、肉祭祀岑玉音。其中，糍粑算是最有當地特色的一種小吃了。這是一種由糯米蒸熟搗爛製成的食品。先煮好熟糯米飯，然後放到石槽裡用石錘或蘆竹搗成泥狀製作而成。中國各地的糍粑各有不同，但廣西糍粑最為特殊，其形狀多為圓形，像極了大號湯圓，因此往往被稱為大肚糍。有些地方還會用紅薯做成糍粑，或是用豆蓉、蓮蓉、芝麻等等做內餡，最後出鍋的便是清新可人的「水糍粑」。

【立冬】餃子、羊肉，冬日進補序章

立冬這一天，冬天終於正式到來了。《月令七十二候集解》中解：立、建始也，又說「冬，終也，萬物收藏也」。也就是說立冬是一個萬物生長結束，開始安息的時節。

立冬這天能吃的可就多了，首先餃子和羊肉湯都是十分出名的立冬小食。餃子是立冬吃還是冬至吃？各地說法不一，習俗也不一。立冬吃餃子，取的是「交子」的諧音。立冬作為秋冬之交，餃子不能不吃。

而根據《本草綱目》的記載，羊肉有補中氣、益腎氣的作用，能夠增強抵抗力，暖身養胃，是冬日進補的佳品。

時至今日，只要一到立冬，羊肉湯就會熱銷不斷。羊肉湯的作法是先將羊肉切塊，浸泡水中一小時以上，然後瀝乾水分，放入有清水的砂鍋當中，水燒開之後加入蔥薑、山楂、枸杞、核桃，小火燉煮羊肉到熟爛，再加入少許鹽調味即可出鍋。

在蘇州，除了吃羊肉湯之外，還需要吃膏藥相配。

一到立冬，中醫院和老字號的中藥鋪就會專門開進補門診，為人們熬製膏藥。不過與羊肉湯不同，這個膏藥講究一人一方、對症下藥，因此並沒有所謂的食譜保留。

而在南方的一些地區，立冬還有吃雞的習俗。民諺中有言：「立冬吃一雞，滋補一冬春。」這句話雖誇張，但並不假。冬季寒冷，是感冒流行的季節，而雞湯可以提高大家的免疫力，將流感病毒攔在身體之外。而溫熱的雞湯也有利於緩解感冒引起的頭痛、鼻塞等諸多症狀，因此雞、尤其是雞湯是立冬的佳品。

〔小雪〕糍粑香糯，冬日溫馨甜點

小雪一般在西曆十一月二十二日前後。小雪的到來，意味著嚴寒的冬天已經到了，但空氣中的水氣開始凝結成雪花，但卻沒到鵝毛大雪的地步。

小雪時節，人們對於吃沒有太多的習俗，只有糍粑是一種算得上廣泛的小雪吃食。這裡的糍粑並不是廣西壯族人所做，而是南方客家人的特產，所謂「十月朝，糍粑碌碌燒」就是指這一習俗。

碌碌燒是客家話的音譯，碌形容的是車輪滾動的樣子，而燒指的是騰騰的熱氣。也就是說客家糍粑用筷子捲起米粉糰，像車輪一樣滾動黏上芝麻花生砂糖，再趁熱吃下去最好不過。

雖然小雪吃食不算多，但過冬該吃什麼，卻是從小雪開始準備的。很早的民間就有「冬臘肉風醃，蓄以禦冬」的習俗，這裡的臘，指的就是臘肉。古時人們沒有冰箱，肉類難以儲存，製成臘肉是一個絕妙的辦法，而小雪之後氣溫急劇下降，天氣乾燥溫度又低，是醃製食物的大好氣候。

除此之外，台灣中南部沿海地區，漁民們也會開始曬魚乾、儲存乾糧。台灣有一句諺語：「十月豆，肥到不見頭。」意思是在農曆十月可以捕到最為肥美的豆仔魚，而此時將這些魚晾成魚乾，就可以美好的過一個冬天了。

在沒有大棚蔬菜的年代，這個時候也要開始囤大白菜了。在東北，你可以看見家家戶戶把大白菜堆在門口晾曬，然後醃製儲存起來準備過冬。

〔大雪〕雪藕雪菜雪梨膏，清潤解寒

大雪是小雪的加強版，在西曆十二月七日前後幾天，此時天氣更冷，降雪的可能性比小雪更大，但這並不意味著降雪量就會高過此前，因為嚴寒加深，水量也減少了。所謂「瑞雪兆豐年」，從這個時候開始，人們就會祈求雪下得大一些，好讓來年豐收。

大雪天寒地凍，氣溫變冷，人們也要開始保暖，防止受凍出現凍瘡。魯北民間有「碌碡頂了門，光喝紅黏粥」的說法，意思是天冷不再串門，只在家喝暖呼呼的紅薯粥度日。之所以吃紅薯粥，主要是因為古時的民間可以吃的東西有限，紅薯產量高又可以隨便生長，是家家戶戶都能弄到的廉價美食。紅薯粥的作法非常簡單：將紅薯去皮切塊，再將調成糊狀的小米麵與其一同燉煮即可。

而在溫州一帶的大雪時節，一種名為「兌糖兒」的現象就出現了，所謂「糖兒客，慢慢擔，小息兒跟著一大班」。在此時的溫州，各地飴糖作坊就會將整版的飴糖提供給小商販，也就是「糖兒客」，他們一邊敲打糖刀一邊賣糖。飴糖是一種由玉米、大麥、小麥等五穀糧食發酵糖化而成的傳統食品，也可以當做中藥使用，既好吃，也對身體有好處。飴糖一般呈金黃色，剛製成的時候軟如面泥，在空氣中放置一段時間會變硬，吃起來甜而不膩，是一種傳統甜品，十分受小孩的喜歡。這些糖兒客吸引的也主要是小孩，但他們賣的不是錢，而是要家長們用銅製廢品、銅錢銅板之類的東西來兌換。所以才叫「兌糖兒」。

大雪期間，最為滋補的吃法，應當就是「吃三雪」了。

三雪分別是：雪藕、雪菜、雪梨膏。雪藕是蓮藕的一種，因色白如雪而得名，它含有澱粉、蛋白質和維生素C，是一種進補的良品。但需要注意的是，雪藕生吃和熟吃的作用不一，生吃能夠輔助治療肺結咳等症，而熟吃則有健胃開脾的作用。

南京的特色小吃蜜汁藕就是用雪藕製成，味道偏甜，十分可口。雪菜又叫雪裡紅、霜不老，性溫味甘辛，無論是用來炒肉末還是加上香菇、肉末、水豆腐燉湯都是不錯的選擇。

雪梨膏則是一種用水果雪梨調製的膏品，有生津潤燥，清熱化痰的功效，在中醫中也有所使用。其製作相對比較複雜，需要雪梨十至二十個，蓮藕一千五百克，鮮薑三百克，冰糖三百克，大棗若干，蜂蜜適量。先將梨、棗、藕、薑搗爛熬汁，再製成熱膏，下冰糖融化後再倒入蜂蜜凝固。由於雪梨膏用料太大，工序也複雜，如果想吃，可以在中醫師處購買獲得。

〔冬至〕紅豆糯米飯，暖心暖胃

冬至是冬天的一個盛大節日，古代稱其為「冬節」、「長至節」、「亞歲」等等，甚至有「冬至大如年」的說法。它是二十四節氣中最早訂出的節氣之一，早在春秋時期就已經為人們所知。這是一年當中白天最短、黑夜最長的一天，從今天開始，陰氣已極，陽氣轉盛，白天就會開始慢慢變長。

冬至要吃的最重要的東西，其中一項是餃子。冬至吃餃子的說法與立冬不同，是為了紀念醫聖張仲景。

張仲景是南陽人，著有萬世流芳的《傷寒雜病論》。東漢時期他曾經官至太守，就任時甚至大堂行醫傳為佳話。後因故辭官回鄉，返鄉之時正值冬季。一路上，張仲景看見鄉親們因嚴寒面黃肌瘦、飢寒交迫，還有不少人的耳朵因為太冷而凍爛了。張仲景看著十分焦心，便將羊肉、辣椒及一些驅寒藥材包裹在麵皮中放入鍋裡煮。由於是為了醫治凍耳的問題，便將麵皮捏成耳朵的樣子，稱之為「嬌耳」。漸漸地，這種食物便由包裹藥材，變為包裹食物，而「嬌耳」一稱也漸漸改為餃子。為了紀念張仲景這種偉大的行為，冬天吃餃子的習俗便流傳下來。尤其是在他的家鄉南陽一帶，更有「冬至不端餃子碗，凍掉耳朵沒人管」的民謠。

同樣是依據習俗而來，南方的蘇州，人們在冬至吃的卻是餛飩。相傳在兩千五百年前，此時的蘇州還是吳國的都城，吃膩了山珍海味的吳王夫差對吃食興趣寥寥，於是在冬至這一天，西施便親自下廚包一種點心獻給吳王，吳王品嘗之後，對這種點心讚賞有加，詢問此為何物。西施心底嫌棄吳王，認為這昏君腦袋渾渾噩噩，便隨口稱「餛飩」。冬至吃餛飩的習俗於是流傳下來。

在北京，冬至同樣吃餛飩，但其傳說卻略有不同。當時北方匈奴經常騷擾邊疆，百姓不得安寧。此時匈奴部落中有渾氏和屯氏兩個首領十分兇殘，百姓便將肉餡包成角兒，取諧音「餛飩」食之以解心頭之恨。由於最先包出餛飩就是在冬至這一天，便將冬至吃餛飩的歷史流傳了下來。

在寧夏銀川，冬至這天也要吃羊肉粉湯餃子，但他們卻給這東西取了一個特別的名字：頭腦。頭腦的作法與一般的羊肉湯不同，除了薑蔥蒜等調料之外，還需加入蘑菇、切好的粉塊，泡好的粉條、韭黃、蒜苗、香菜等等，煮出來之後五顏六色，香氣撲鼻。

潮汕人將冬至看得更重，甚至將冬至稱之為「小過年」。這一天，潮汕人如同過年一樣備足豬肉、雞、魚等等食物，先是祭拜祖先，為來年祈福，然後相聚吃飯。這時，人們會準備一種必不可少的食物——湯圓。湯圓在這裡又叫甜丸，不僅能吃，還可以貼在門頂上預示著來年的豐收。最神奇的是，甜丸還要用來感謝一種動物——老鼠。潮汕人認為，是老鼠送五穀的種子給人們，才讓人們得以豐收的。

另一種在南方普遍的冬至習俗，是吃紅豆糯米飯。這種飯來源於一個古代傳說。相傳古代一位共工氏，兒子不成才、作惡多端，最後於冬至慘死，慘死之後還繼續禍害百姓。但這個惡鬼最怕紅豆，因此這時家家戶戶就吃紅豆糯米飯，以驅趕疫鬼。

一碗紅豆糯米飯，甜而不膩，香氣撲鼻。糯米性溫，可以補養正氣，吃了之後通身發熱，是嚴冬最好的食物之一。

紅豆糯米飯的簡易做法

做法：1、取糯米三百克，適量花生米、紅豆、蔥末、熟芝麻、香芹末、臘肉、鹽和雞粉。

2、提前一天將紅豆泡軟，然後將糯米用水泡發，再將花生米去皮，準備薑末香芹末、熟芝麻、臘肉切片過水備用。

3、熟油下鍋之後，將臘肉爆炒，撒入薑末，倒入糯米、花生米，不斷翻炒紅豆，撒上鹽和雞粉拌勻，最後倒入電鍋蒸煮。

4、起鍋後撒上熟芝麻、香芹末就大功告成。

〔小寒〕臘八粥，歲末溫暖祝福

小寒雖然名為「小」，卻是一年中氣溫最低的節氣。在每年的西曆一月四日左右到來。小寒本身不算重大節日，沒有特別的習俗，但在小寒過去，大寒未到的那幾天裡，大約是臘八迎來的時間。在中國的大江南北，小寒都有喝臘八粥的習俗。

這個習俗有一個說法是起源於佛寺。相傳釋迦摩尼在修行中過度飢餓暈倒在地，被好心的牧羊女救起，並餵了加有野果的糯米粥才活下來。他被救起的這天，正是臘月初八。

臘八的另一個說法則是來自於中國古代天子。

在以前，每年農曆十二月都要用乾物進行臘祭，臘祭分為兩種：一為祭祀，二為禱祝。祭祀的對象，就是傳說中的保佑豐收的八穀星神，而日子又剛好是十二月八日，此後，由乾果製成臘八粥的習俗就這麼流傳了下來。

臘八粥的作法各地各有不一，甚至家家戶戶根據自己的習慣也有不同。但根據《燕京歲時記．臘八粥》記載，傳統的臘八粥應當用：「黃米、白米、江米、小米、菱角米、栗子、紅豇豆、去皮棗泥等，開水煮熟，外用染紅桃仁、杏仁、瓜子、花生、榛穰、松子以及白糖、紅糖、瑣瑣葡萄，以作點染。」由此可見，臘八粥雖然只是一碗粥，卻內容豐富，用料極多，可以說是民間冬天的一項「奢侈食物」了。

【大寒】八寶飯，辭舊迎新滋味

大寒是一年二十四個節氣中的最後一個，雖然名為「大」，但由於即將迎來春天，日子已經開始漸漸轉暖，陽氣開始慢慢升騰了。

在北京，大寒吃「消寒糕」是一項由來已久的風俗。消寒糕其實就是年糕的一種，年糕由糯米製成，糯米具有補中益氣的功效，適合在冬季用來驅寒補足身體。民間素有「小寒大寒、無風自寒」的說法，此時進補年糕，會通身暖和，利於驅寒。

除了年糕之外，還有一種由糯米製成的八寶飯在大寒十分適宜食用。八寶飯的由來相傳是商周時期的事情。當年武王伐紂成功，在大業當中，伯達、伯適、仲突、仲忽、叔夜、叔夏、季隨、季騧八士，功勳赫赫，為天下人稱頌，人們就應景做出八寶飯，八寶飯中豆沙、棗泥、金桔脯、桂圓肉、蓮心、瓜子仁、薏米仁、蜜櫻桃象徵八位勇士，而裡頭點綴的山楂則象徵被火化的紂王。這些用糯米一蒸，便是十分香甜的八寶飯了。

除此之外，還有說八寶分別象徵著團圓、甜蜜、平安等等說法，這些說法在民間不斷流傳，不斷豐富了八寶飯的寓意。

除此之外，從養生的角度來說，大寒要養陰養腎，調節肝氣，宜多食用核桃、紅薯、紅棗等溫熱的補品，來防止由嚴寒產生的身體虛弱、風寒入體。

卷肆

舌尖上的風流人物：影響歷史的「超級饕客」傳

食指大動，竟能預知政變？

春秋期間，奇人頻出，多流傳於世。其中一個叫公子宋的堪稱饕客之榜首，好吃之典範。

這公子宋是春秋時期鄭國人，與一位叫子家的人同為鄭國重臣。公子宋除了是朝廷棟樑之外，還有一個特異功能——只要他食指一動，就意味著即將吃到好吃的。公子宋對自己的特異功能一直十分得意，而子家則將信將疑，覺得是公子宋吹牛吹上了天。

某天，兩個好朋友一同上朝去，公子宋的食指又動了起來。他洋洋得意地自稱自己即將吃到珍饈美味，果不其然，內侍傳來話說：昨天楚國人送來一隻大鱉，鄭靈公下令煮好分給百官品嘗。

子家對這個特異功能十分驚訝，便將公子宋有特異功能的事情告訴了鄭靈公。也不知道是天公捉弄還是鄭靈公有意為之，這羹湯分到公子宋時剛好分完。剛說完自己有特異功能可以吃到好吃的，轉眼就只能看人吃好吃的，這豈不是當場打臉嗎？

鄭靈公也笑說他的食指不靈，文武百官對此都看在眼裡。要是一般人，國君調侃自己也不是什麼大事，打個哈哈就過去了，可公子宋是一般人嗎？他當場走到鄭靈公的面前，把食指戳進國君的鼎裡，沾湯嘗了一口稱：「誰說我食指不靈？這不是嘗到了嗎？」

如此反打國君臉的行為怕是開天闢地第一樁，嘗完湯的公子宋也清醒過來，驚覺自己的行為有多麼大膽，怕是全家的人命都不夠填。

此事落幕後，鄭靈公越想越氣，殺心漸起——那公子宋也輾轉反側，夜不能寐。

後來，終究是公子宋占了先機，一不做二不休，把鄭靈公殺了。鄭靈公才剛剛在王座上待了一年，就因為調侃臣子吃東西而被殺，實在冤得厲害啊。

而為了嘗一口湯而殺害國君，古今中外，公子宋實乃第一人也。形容眼前有美食而十分垂涎的成語——食指大動，也就此流傳下來。

貪吃誤事，竟錯失仕途？

孟浩然一生布衣，始終無緣仕途。中年時，曾逗留洛陽數年求仕，不果。幾年後不死心，又赴長安，賦詩太學，滿座驚服，全無抗手。在京城做官的小弟王維得知孟大哥來踢館，嚇了一跳，匆匆趕往太學，把他拉到翰林院，好茶好菜款待。想做官咱們慢慢來，別一言不合就踢館啊。正勸著呢，忽然聞報皇上駕到，孟浩然嚇得躲進床底。

王維不敢欺君，稟告說：「孟浩然在微臣這裡做客。」唐玄宗說：「那好得很啊，這人名頭不小，既然在此，叫出來見見吧。」於是孟從床下爬出來作詩，心情跟被老師叫上黑板做題是一樣的，慌慌張張，口不擇言，作了句「不才明主棄」。唐玄宗大皺眉頭，說：「你不求進取，怎麼反而誣賴朕棄你？」當即攆出了京城。

又過得幾年，做官的事有了轉機——山南道採訪使韓朝宗表示，願意帶孟浩然入京，並向朝廷舉薦。兩人約下日子，孟浩然收拾收拾行裝就準備啟程了。

臨行之際，突然有朋友來訪，孟浩然不好意思不招待，「那一塊吃個飯唄？」

朋友當然不推辭，開吃。吃著吃著，約定的時辰到了，家裡人提醒，莫誤了韓公的約會啊（**君與韓公有期**）。孟怒道：「沒看見正喝著酒吶？沒那閒工夫！」（**業已飲，遑恤他！**）韓朝宗左等右等，始終不見孟來，找上門一看，裡面正喝得杯盞狼藉酒酣耳熱，便大怒辭去。

又幾年，孟浩然年事漸高，背上生了疽，反覆醫治多年，還險些將一條命搭進去。總算眼看將癒，開元二十六年，王昌齡被貶廣東，孟浩然曾寫詩相贈，約他一起吃魚。王昌齡一直惦記著這事。兩年後，他路過襄陽，造訪孟浩然。故友重逢，孟浩然興致很好，設宴款待。席間自然少不了當地特產的魚蝦鮮貨，孟浩然瞧著王昌齡大快朵頤，饞得受不了，尋思著，病好得差不多了，吃一點無妨吧，一個沒忍住，吃了很多，毒瘡復發而死㊾。

王昌齡真是個掃把星。

㊾（北宋）歐陽修等，《新唐書》。

貶謫歲月，成就曠世美食家

宋代許多名菜一直傳到現在，比如東坡肉、東坡肘子、東坡魚、東坡豆腐、東坡茯苓餅……蘇軾：「你有沒有完？」

作為站在大宋食物鏈之巔的男子，當時的天下美食，蘇東坡沒吃過的——恐怕不多。

他和蘇轍同在京城時，某天，附近有人鑿井挖到一種植物，嫩白如嬰兒手臂，指掌具備，宛然若真。在場眾人都不識此物，於是請教見多識廣的蘇軾。蘇軾說，啊，幸好你們沒有貿然處理，快快交給我。大家見他神情嚴肅，料想許是什麼妖物，多虧有蘇學士在，才沒惹出亂子。大家望著蘇軾捧著那植物離去的背影，紛紛讚嘆感激不已。但蘇軾回到家，就請蘇轍過來，一塊把這玩意兒燉著吃了……[50]

蘇軾患有嚴重的痔瘡，但沒能妨礙他胡吃海喝。吃遍天下後，他評選出心中三絕：荔枝、河豚、江珧柱。他說：「予嘗謂荔枝厚味高格兩絕，果中無比。」

然後是河豚，逢人便誇河豚的美味，人家提醒他當心中毒，蘇大鬍子捧著脹得像氣球一樣圓鼓鼓的河豚哈哈大笑道：「這麼好吃的東西，吃死了也值得！」[51]

有一次蘇軾冒著雨賞牡丹。賞花照例要賦詩應景，然而他滿心惦記著吃，張口吟了首〈雨中明慶賞牡丹〉：

霏霏雨露作清妍，爍爍明燈照欲然。

明日春陰花未老，故應未忍著酥煎。

詩的大概意思就是：牡丹開得這樣好，實在不忍心煎來吃。

沒錯，吃牡丹。牛酥煎牡丹花蕊，在當時是極品美食。由於花開得正好，蘇軾眼巴巴地盯著牡丹花，硬是忍住沒折回去吃，總算在一眾文人同僚面前，堪堪保住了一點名士風雅。牛酥煎牡丹是哪個奇葩發明的不可考，但五代十國，後蜀宰相李昊贈朋友牡丹時，總要再搭上一份牛酥，還鄭重叮囑：「花謝了後趕緊煎了吃，別暴殄天物。」真是焚琴煮鶴，大煞風景，不過有好吃的，誰還顧得上附庸風雅。

蘇軾寫詩的時候經常走神，本來好端端詠嘆著美景，詠著詠著……咦？這個好像可以吃？話風急轉，西北望射天狼的豪邁漢子，突然變成大流哈喇子的饕客。

他的名作〈惠崇春江晚景〉就屬於這種情況。

竹外桃花三兩枝，春江水暖鴨先知。

㊿（南宋）吳曾，《能改齋漫錄》。

51（南宋）孫奕，《履齋示兒編》。

蔞蒿滿地蘆芽短，正是河豚欲上時。

前三句一本正經，最後一句則暴露了本性。

蘇軾一生仕途多舛，但他生性豁達，總能寄情於吃，故而屢挫不倒。他的政敵希望看到他被貶後失意落魄的樣子，然而蘇軾每每於惡劣的境遇之中，總能慧眼發現各地的美食，並且樂在其中。從京城貶到杭州，東坡肉問世了；貶去黃州，他驚呼，黃州豬肉真便宜啊！頓頓吃肉，大飽口福。貶去嶺南惠州，發現這裡荔枝多到吃不完，簡直是天堂；貶去海南儋州，在當時，那是條件最艱苦的不毛之地，好吃的東西並不多，然而蘇軾沒有放棄。很快他發現當地的牡蠣特別好吃，接著，他像野外求生專家一樣，抓蝙蝠、抓果子狸、抓蟾蜍來吃，還寫信告訴蘇轍說，蟾蜍味道挺好的，但是有一種「蜜唧」有點吃不慣。唐《朝野僉載》記錄了關於蜜唧的吃法：剛出生粉紅色的小老鼠，餵飽了蜂蜜，釘在桌子上，小老鼠緩緩蠕動，筷子夾起一咬，小鼠唧唧做聲，所以叫「蜜唧」。

蘇軾為自己寫過一首自題式的賦，題目取得貼切——〈老饕賦〉，老饕一詞，從此成了饕客雅稱。賦的最後一句，蘇軾寫道：

先生一笑而起，渺海闊而天高。（作為一個饕客，幸福得飛起來。吃飽喝足，翱翔天地。）

東坡肉

相傳為蘇東坡所創製。半肥半瘦的豬肉，在醬汁的浸透下，紅得透亮，肉質軟而不爛，肥而不膩。《食豬肉詩》有記載：「黃州好豬肉，賤價如糞土。富者不肯吃，貧者不解煮。慢著火，先洗鐺，少著水，火候足時它自美。每日早來打一碗，飽得自家君莫管。」

潔癖文人，構築純粹的美食之道

古代人有潔癖，該怎麼生活？

倪瓚，號雲林子，元四家之首，丹青堪稱元代第一，尤其山水竹石，清逸高遠，畫風極簡，為後世大師們推崇備至。

倪瓚的畫，同他的為人一樣，高冷狷介，不能忍受任何的冗雜、俗套和骯髒，用今天的話說，就是重度潔癖。

他的居室永遠點塵不落，衣衫永遠滴塵不染，衣服每天要換好幾次，連屋後的大樹，也要常常擦洗，簡直是文士版西門吹雪。古人廁所往往簡陋，倪瓚的廁所卻別具一格。他建了個閣樓當廁所，離地面有足夠的高度，坑裡鋪滿鵝毛，汙物落下，激揚鵝毛覆蓋其上，穢氣遂不得出。

這樣一位才華傲世的狷介男神，獨對烹飪懷有狂熱之心。

倪瓚一生鄙夷權位、財富，無比嚮往清寂、極簡的生活，事實上卻從未真正離開世界的視野隱居起來，多半還是因為割捨不下人間煙火、口腹之欲。除了水墨丹青，他留給後世的還包括一部食經《雲林堂飲食制度集》，詳言烹飪技法，具體翔實，其中有一道燒鵝，被袁枚收進《隨園食單》，堪稱全書之最：

鵝處理乾淨，掏除臟腑，多用佐料，即蔥、花椒、蜜、鹽、酒厚厚地塗到鵝腹腔裡，鵝體表也同樣塗以蜜和酒，鵝肚子朝上，上鍋，按一比一的比例，水兌酒蒸。成品潤澤油亮，肉腥盡去，而佐料的味道滲入肌理，香而不膩，嫩而不柴。

吃蟹同樣講究：

熟螃蟹剔取肉，拌少許花椒末，上籠蒸。籠屜底先鋪一層荷葉，再鋪一層綠豆粉皮，最後才均勻地攤開蟹肉。生雞蛋或鴨蛋，加些許鹽，打勻，澆在蟹肉上，蒸到蛋變成固態，取出切塊。蟹殼熬湯，加入搗爛的薑、花椒末，澱粉勾芡。菠菜鋪在碗底，放入蛋蟹肉，澆湯即成。

鯉魚湯，簡單易為：

薑去皮，切片搗作薑泥，拌入花椒，略沖入些酒。魚斬塊，酒和水各占一半，熬，先加老抽，三次沸騰後，加薑椒汁提味去腥，湯再沸即可起鍋。第二種吃法：燒熱油，略爆一下薑和花椒，旋即盛出備用。仍用此油煎魚，煎到魚皮焦黃，加水，投薑椒、加醬油，三次沸騰後，起鍋即成。

倪瓚是無錫人，烹飪喜歡用黃酒提味，比如做田螺：

選大個兒田螺，敲碎，取其頭部肉，用砂糖濃拌，靜置一頓飯時間，像削梨子皮一樣，一圈圈地把田螺肉削成片，用蔥、花椒、酒醃片刻，入清雞湯汆食52。

倪瓚一生卓爾不群，於人、於己都要求嚴苛，正是這樣的完美主義和苛刻態度，成就了名垂青史的一代極簡派畫壇宗師，以及匠心獨運的美食大家。

元朝末年，倪瓚預感到天下將有巨變，遂散盡家財，扁舟箬笠，浪跡林泉，與他的畫作，他的美食一樣，歸真返璞，回歸自然。

珍珠翡翠白玉湯的帝王味蕾

朱元璋是中國歷史上第一位、也是唯一一位農民出身的開國皇帝，原名朱重八，沒讀過書不識字，當過要飯乞丐，也當過敲鐘和尚。他有一段極為出名的軼事，卻是與一碗湯有關。

當年中原大地在元朝蒙古人的統治下民不聊生，漢族人作為最低等的民族，吃不飽是常有的事。朱元璋少時貧苦，十七歲時全家死於瘟疫，無家可歸的他便進入寺廟當和尚混口飯吃。

當時的朱重八可不是那個暴躁脾氣的洪武大帝，他在和尚廟裡天天受人欺負，什麼髒活累活都給他幹，最後還不給他飯吃，只好淪落到自行出門化緣。化緣只是個好聽的說法，說白了就是討飯。一日，朱重八兩三天都沒討到一口飯吃，暈倒在路邊，一位好心的老婆婆看見了，便從家裡掏出兩塊剩下的豆腐，和幾根野菜、半碗剩飯混在一起，煮了碗湯給朱重八吃。

---

52 （元）倪瓚，《雲林堂飲食制度集》。

許久沒有吃飯的朱重八一喝這湯，眼淚都出來了，連忙詢問老婆婆這究竟是什麼珍饈美味。老婆婆苦中作樂，笑稱「此乃珍珠翡翠白玉湯」。朱重八便永遠的記住了這個名字。

時過境遷，朱重八搖身一變成了明朝開國皇帝朱元璋。吃慣了山珍海味的他，對當年的這碗湯念念不忘，可惜他只知道這湯的名字，並不知其作法。

一日他生病染疾，毫無胃口，再次想起這碗湯來，便下令御廚，必須把人間美味「珍珠翡翠白玉湯」做出來給他喝。御廚只聽聞名字，也是一臉茫然，加班加點地趕工，往裡頭又是放鮑魚又是放燕窩，最後甚至將真的珍珠和翡翠扔進去，朱元璋卻越吃越生氣。

於是他下令詢問全天下百姓珍珠翡翠白玉湯的作法，最後問到了一個乞丐。那乞丐將菜幫子、餿掉的豆腐和剩飯往鍋裡一扔，一碗奇奇怪怪的剩飯湯出爐，御廚們都嫌惡萬分，唯獨朱元璋認得這個味道。

後來，珍珠翡翠白玉湯經過一代代改良，逐漸變成了由青豆、白菜、菠菜、粉絲、豆腐和火腿腸燉成的濃湯，餿味和臭味消失無蹤，只剩下真正的「珍珠翡翠」般的香味。

美食與皇位？胖皇帝的兩難

明仁宗朱高熾是著名的永樂大帝朱棣的兒子，也是他的太子。這位太子爺性格溫和、德行尚好，雖不如自己的父親、祖父那樣可以成就一代霸業，但當個皇帝也沒誰不放心。可朱棣實在是太嫌棄這個兒子了，為什麼呢？

因為他胖。

對，他很胖，超級胖，不要說騎馬射箭，甚至走路的時候都需要兩個太監攙扶才走得動，夜裡翻身還需要人幫忙。就這麼一個大胖子，穿上明黃色的龍袍之後，活脫脫就是一隻橘貓啊。

那朱高熾又是為什麼那麼胖呢？雖然太醫表示有病理原因在裡面，但好吃應是主要的原因。野史就說，朱高熾「食量寬大，異於常人」。

相傳一日朱棣帶著幾個兒子參加閱兵式，其他幾位皇子如朱高煦等人都早早到場，只有朱高熾過了許久才來。朱棣一問原因，朱高熾竟然說，自己見日頭還早，外頭寒冷，便在宮裡吃了早飯，暖了身子才來。朱棣聽了哭笑不得又無可奈何。

朱棣本來就是一個馬上得天下的皇帝，對自己這個已經胖到行動不便的兒子自然有所嫌惡。可明朝的歷史大家也知道，朱元璋在太子過世後，立長孫朱允炆為嗣，讓朱棣很不服氣，這才靖難北上搶皇位。朱棣自己一個不好的榜樣在先，自然就要在立儲這件事上多加小心，不敢再越過朱高熾這位嫡長子立旁人。於是，朱棣在立朱高熾為儲君之後，對他下了一道嚴苛的命令——減肥。

減肥的第一要務就是節食，這可要了朱高熾的老命。他那時已經人到中年，又貴為太子，珍饈美味滿宮都是，可看卻不可吃，這是多大的折磨？不過我們都知道上有政策、下有對策，朱高熾表面上領了朱棣的節食令，自己還是悄悄開小灶，一頓頓進補從沒停過。朱高熾的廚子見朱高熾每天餓得發慌，便將自己家裡的食物送給朱高熾，朱高熾高興得感激涕零。

可這件事到朱棣那裡就沒這麼歡樂了，朱棣眼見兒子明明開始節食了，為何依舊那麼胖，不要說騎馬射箭，走路還搖搖晃晃的，奇怪之下就調查了朱高熾的侍從們，結果發現這位偷偷拿好料來的主廚幹的好事。

朱棣知道實情後大發雷霆，立刻命人殺了主廚剁成肉泥。這下太子宮中再也沒人敢替朱高熾開小灶了。

不過朱高熾的胖到底還是沒減下來，他的身體因過度肥胖而虛弱不已，在繼位一年後就得「陰病」過世。對朱高熾而言，美食和皇位終究不可兼得啊。

食單傳世，饕客界的最高境界

袁枚是個十足的雅人，一輩子做過最大的官兒只是知縣，做了六、七年，瞧不起官場陋習，受不了「為大官作奴才」的德行，拍拍屁股辭職不幹了。在江寧（南京）買了處他認為是曹雪芹筆下「大觀園」的廢園，奉母閒居，從此著書烹茶，看竹賞花，偶爾約各界名流到園子裡吃吃飯、吹吹牛，「放鶴去尋山鳥客，任人來看四時花」，逍遙得很。

自三十三歲起，袁枚就不上班了，專心在家過退休生活。與歷史上許多生活拮据的隱士不同，袁枚從來不缺錢——由於名氣夠大，上門巴結、送禮的人很多，他又特別具有生意頭腦，炒地皮、放貸的事都做，加上朝廷對致仕的官員有退休金補貼，所以他辭掉工作，非但沒斷了生路，反而越活越有看頭。

有大把的空閒時間後，袁枚除了寫作外，還拿來做兩件事：旅行、吃飯。

袁枚對世界有著極強的好奇心，他的《子不語》，堪稱後《聊齋》時代最出色的鬼怪小說集之一。對於美食，他同樣充滿好奇，每次去人家家裡吃飯，只要吃到好吃的，一定叫自家廚師去人家廚房裡低聲下氣地學藝，「執弟子之禮」。如此厚著臉皮學了四十年，終於彙集眾味，成就一部古往今來、首屈一指的美食大作《隨園食單》。書中睥睨天下，傲視古今，大有「黃山歸來不看嶽」的氣勢。

袁枚經濟獨立，政治上也相對獨立，不必仰誰的鼻息，加上性格使然，常在書中放懷直言。對於飯局的種種陋習，古代不懂烹飪的文人附會杜撰的食譜以及糟蹋食材的烹飪方式等，也大加譏刺。他吐槽貴冑富室置辦的筵席，動輒燕窩、魚翅，山積席鋪擺滿一大桌，卻沒有一味出自用心雕琢，簡直是無法容忍的浪費。菜餚在精不在多，烹飪之道，在於發揮所有食材本身至味；豆腐調製得法，可勝燕窩。

又說一些人請客的時候，不知道是過於熱情還是故作大方，頻頻挾菜堆在客人面前，絲毫不顧客人的意願，使人尷尬。在當時，青樓尤盛此風，妓女陪侍，強行挾菜往客人嘴裡塞。妓女處風塵久矣，不識大體，尚情有可原，其他人仿效此舉，豈不成了娼妓之行？

袁枚對吃的看法，集中在一個「點」上：新鮮食材，用最佳烹飪之法、最合適的火候、最合理的搭配，極盡所能地激發出食材的味道。

比如當時風靡上流社會的燕窩，他說，燕窩是至清之物，吃就是吃它的「清」，絕不可混入油膩食材。做燕窩，不用江河井水，而是用更純淨的泉水燒沸、浸泡，銀針挑盡黑絲，用嫩雞湯、上乘的火腿湯、加新鮮蘑菇燉，待燕窩色澤如玉而止。

海參是無味之物，氣腥，因此與燕窩相反，最好用其他食材為之賦味。

海蜒，寧波多產，用來蒸蛋，鮮美嫩滑。

烏魚蛋，抽除黑線，洗掉腥氣，用雞湯、蘑菇煨爛，異常鮮美。

豬腰子，炒不如煮，煮酥後蘸鹽最好，完全不需要其他佐料。

豬蹄，先煮熟，在笊籬中過沸油，也叫「走油蹄」。這樣處理過的豬蹄，皮皺肉鬆，肥而不膩，再加佐料紅燒。

袁枚住在蘇南，平時吃蘇浙菜最多。特別是芙蓉肉，今天仍然常見。

空心肉丸，鎮江人的席上珍味：五花肉、松仁、香蕈、筍尖、荸薺、瓜薑剁成餡料，裹一粒豬油，加澱粉捏成丸子，灑甜酒蒸熟，一口咬下，齒間流漿。

芙蓉肉

材料：蝦仁、豬板油、豬肉、酒、雞汁、蔥、花椒。

作法：蝦仁、豬板油、瘦肉片疊放，敲扁，使三種食材緊緊貼合，放入沸水煮熟撈起，瀝乾水分，燒熱油，反覆澆淋，直到蝦仁肉片均呈白玉色。油裡加入酒、雞汁、蔥、花椒，燒到滾熱澆於肉片，最後淋芡即成。

我們之前說過上海的八寶鴨，《隨園食單》也有相似作法，但袁枚吃這道菜，卻是在河北正定：鴨去骨，糯米、火腿丁、大頭菜丁、香蕈、筍丁、小磨香油、酒、蔥花、醬油調製成餡，灌入鴨腹，外用雞湯，隔水蒸透。

鰱魚豆腐，則如今演化成砂鍋魚頭。

最後看一看清代的茶葉蛋❸：一百顆蛋，用一兩鹽、粗茶煮一小時左右，最簡單易行。

從燕窩魚翅，到一枚普普通通的茶葉蛋，袁枚一視同仁，如同他奉行的美食之道。食材不分貧富貴賤，沒有不堪入口的食材，只有不肯用心的廚師。

食之道，淺而深，簡而博。

先民深知稼穡艱難，因此珍稀每一味食材，努力將吃發揮到極致。這是對自然的尊重，對生命的尊重。

一世長者知居處，三世長者知服食。

懂吃，才是第一流的人生。

❸（清）袁枚，《隨園食單》。

國家圖書館出版品預行編目(CIP)資料

開飯了!饕客的時光餐桌:改變歷史的尋味之旅 / 古人很潮編. -- 初版. -- 臺北市:遠流出版事業股份有限公司, 2025.09
面;17×23公分

ISBN 978-626-418-264-5(平裝)

1.CST: 飲食風俗 2.CST: 文化史 3.CST: 中國

538.782　　114008154

開飯了!

饕客的時光餐桌

改變歷史的尋味之旅

作　　者——蟲离小僧、空白書
編　　者——古人很潮

主　　編——許玲瑋
編　　輯——楊伊琳、黃怡瑗、許玲瑋
校　　對——魏秋綢
插　　畫——木口子
封面設計——日暖風和
內頁版型——黃見郎、日暖風和
行銷協力——呂玠忞
排　　版——立全電腦印前排版有限公司
製　　版——中原造像股份有限公司
印　　刷——中康彩色印刷事業股份有限公司

發 行 人——王榮文
出版發行——遠流出版事業股份有限公司
地　　址——104005 台北市中山北路一段11號13樓
電　　話——(02) 2571-0297　　傳　　真——(02) 2571-0197
著作權顧問——蕭雄淋律師
YLib 遠流博識網 http://www.ylib.com

ISBN 978-626-418-264-5
2025年9月1日初版一刷　定價480元